Édition : BoD · Books on Demand, 31 avenue Saint-Rémy,
57600 Forbach, bod@bod.fr
Impression : Libri Plureos GmbH, Friedensallee 273,
22763 Hamburg (Allemagne)
ISBN : 978-2-3224-3514-2
Dépôt légal : octobre 2022

- Henry Ranchon -

ABÉCÉDAIRE

DÉCONTRACTÉ

DE LA

CONVERSATION

"Parler est un besoin, écouter est un art"
Goethe.

La conversation est une manière de vivre au quotidien qui ensoleille nos rapports, facilite nos rencontres et rend nos vies plus intéressantes.

Partons avec Jean d'Ormesson, La Fontaine, Montaigne, Madame de Sévigné, Molière, Voltaire, Diderot, Talleyrand, Proust... tante Zoé, découvrir cet art subtil fait de respect, de bienveillance et de décontraction.

Et découvrons avec eux, les secrets des conversations réussies et les miracles qu'elles peuvent accomplir.

Chapelle Niccolini, Florence.

La conversation est un **art**

Un "art" est issu d'une habileté, d'un savoir-faire, d'un procédé, d'un talent particulier.

Il produit une œuvre unique qui selon les sensibilités va surprendre, mettre en délectation, étonner, ravir...

"J'étais arrivé à ce point d'émotion où se rencontrent les sensations célestes données par les Beaux-Arts" disait Stendhal en 1817, pris de vertige devant les fresques de la chapelle Niccolini à Florence.

On dit que la conversation est un art, un art du récit, parce qu'une conversation réussie va surprendre, mettre en **joie**, ravir, comme le ferait une bonne pièce de théâtre.

Mais la conversation est aussi un art de la juste mesure, car une bonne conversation vient toujours, comme dans la bonne cuisine, d'un bon dosage et d'un bon **équilibre**.

Il faut des compliments mais pas trop, il faut des questions mais pas trop, il faut des échanges mais pas trop, il faut de la légèreté mais pas trop.

Des traits d'esprit, oui mais pas trop,
De l'humour, oui mais pas trop,
Des anecdotes, oui mais pas trop...

Cela demande une vraie sensibilité, une vraie habileté et une vraie maîtrise.

Voilà pourquoi la conversation est un art.
Mais un art de tous les jours.

Comme une **manière de vivre** au quotidien qui illumine et ensoleille nos rapports, et qui devrait être encouragée dès l'enfance.

Car le "*vivre-ensemble*" ne commence-t-il pas par la conversation ?

*"Pat n'avait pas de conversation. Il demeurait
à la lisière des groupes dont il faisait partie
ne parlant jamais que si l'on s'adressait à lui"*
John Steinbeck, Les pâturages du ciel.

Avoir de la conversation

Avoir de la conversation, c'est d'abord, avoir envie d'entrer en conversation avec d'autres, connus ou inconnus, en rendant la conversation stimulante et agréable.

Mais converser vraiment, c'est beaucoup plus que cela et c'est un joli paradoxe : Avoir de la conversation, c'est en **donner**. Donner aux autres l'occasion d'avoir eux-mêmes de la conversation, en leur donnant du plaisir à parler d'eux-mêmes.

"L'homme qui cultive vraiment l'art de la conversation est celui qui décide ses interlocuteurs à parler" disait Steinbeck.

Car quelqu'un n'existe vraiment que s'il peut se raconter, se mettre en valeur sous forme de récits, d'anecdotes, de confidences...

L'élégance suprême et le comble de l'art étant de remercier l'autre pour la conversation que vous lui avez permis d'avoir.

"L'esprit de la conversation consiste bien moins à en montrer beaucoup qu'à en faire **trouver** aux autres"
"Celui qui sort de votre conversation, content de soi et de son esprit, l'est de vous parfaitement"
"Le plaisir le plus délicat étant de faire celui d'autrui"*

Est-ce un acte de pure bonté ?
Pas vraiment, car une vraie conversation, une conversation réussie peut, en retour, nous apporter beaucoup.

* La Bruyère, Les Caractères.

Bonaparte et l'Empire

Dans cette conversation-modèle, les thèmes se mêlent en une sarabande à la fois **sérieuse** et **légère**, mêlant compliments, questions et traits d'esprit.

Il s'agit d'une conversation imaginaire entre Bonaparte premier consul et Cambacérès deuxième consul, qui se déroule un soir de l'hiver 1803 aux Tuileries.*

Bonaparte a 34 ans. Il veut prendre l'avis de Cambacérès, l'avocat à qui il ne cache rien et demande tout, sur son projet d'Empire.

---

* Jean d'Ormesson, La Conversation.

- *Bonaparte* : "Il parait que vous êtes un saint très gourmand et que l'on mange fort bien chez vous"

- *Cambacérès* : "C'est aussi par la table qu'on agit sur les hommes et la bonne politique se confond souvent avec la bonne cuisine"

- *Bonaparte* : "On dit à Paris que si vous voulez dîner bien, il faut dîner chez Cambacérès"

- *Cambacérès* : "Et que si vous voulez dîner vite, il faut dîner chez Bonaparte"

- *Bonaparte* : "Oui je me nourris avec rapidité. Deux œufs sur le plat, une salade de haricots, deux ou trois olives, un doigt de parmesan arrosé de Chambertin.
Je n'aime pas traîner, j'ai autre chose à faire"

- *Cambacérès* : "Et vous n'avez pas traîné : sous-lieutenant à seize ans, lieutenant à vingt-deux ans, général de l'armée d'Italie à vingt-sept ans, premier consul à trente ans !"

- *Bonaparte* : "Je vous aime bien Cambacérès. Vous êtes savant, habile, souple et prudent et surtout vous êtes un excellent administrateur"

"Vous avez joué un rôle essentiel dans la rédaction du code civil. Les militaires sont bons pour sabrer, mais ce sont des administrateurs comme vous, qui font le succès durable de ce que l'on entreprend"

- *Cambacérès* : "Vous êtes un grand enchanteur. Vous êtes un ensorceleur. Vous êtes capable de vaincre non seulement par votre génie militaire, mais aussi par la puissance de vos **mots**"

"Vous êtes au-dessus de tous les héros de l'histoire. Vous êtes un magicien, vous êtes un alchimiste. Le plomb de nos incertitudes, vous le changez en or"

- *Bonaparte* : "Citoyen deuxième consul, je voudrais prendre votre avis sur ma position actuelle.
Les Bourbons complotent, Talleyrand joue à toutes les tables du casino de l'avenir et l'étranger attend son heure. Madame de Staël fait des manières et l'Église veut une meilleure part du gâteau national"

"Talleyrand veut me faire roi, mais je refuse la couronne royale. Je veux me présenter à la France et à l'Europe avec un titre plus auguste et plus imposant que celui de roi : celui d'Empereur"

"Je veux reprendre le flambeau abandonné par César, Alexandre et Charlemagne. Qu'en pensez-vous ?"

- *Cambacérès* : "Sur les ruines de la monarchie et de la république, je vois s'élever un système nouveau et je salue en vous l'Empereur des Français"

- *Bonaparte* : "C'est la première fois que ce titre m'est donné. Je l'accepte et je suis heureux qu'il me vienne de vous, Jean-Jacques Régis de Cambacérès"

"Je reconnais en vous mon cousin, le prince archichancelier de l'Empire, Altesse Sérénissime, futur duc de Parme"

- *Cambacérès* (s'inclinant) : "Sire, permettez-moi de déposer aux pieds de Votre Majesté Impériale, l'hommage de ma gratitude et de mon admiration"

"Il ne suffit pas d'avoir de l'esprit. Il faut encore en avoir assez, pour éviter d'en avoir trop"

André Maurois, La Conversation.

Boutades et traits d'esprit

Avoir en tête quelques boutades à utiliser au bon moment et avec mesure, permet d'animer une conversation et de la réorienter s'il le faut.

"Elle est bien pincée de l'avant, très dégagée dans ses façons, très allongée dans ses lignes d'eau"

Jules Verne

"Madame, acceptez-vous d'être ma première femme ?"

Sacha Guitry

"Monsieur, qu'avez-vous à me dévisager ? Madame, je ne vous dévisage pas, je vous envisage"

Edgar Faure

"Avec lui, on s'ennuie tellement que ça nous occupe"

Chamfort

"Annabelle est charmante avec trois personnes et deux bouteilles" Françoise Sagan

"Je ne dors pas longtemps mais je dors vite" Albert Einstein

"Les faits sont complètement démentis par mon opinion"

"La première fois que j'ai vu une femme, j'ai cru que c'était une erreur" Woody Allen

"C'est un vrai iceberg : sept fois plus sot qu'il le paraît"

"J'ai connu ma traversée du désir"

"Le Montrachet ne se boit qu'à genoux et tête nue" Alexandre Dumas

"Appuyons-nous sur les principes, ils finiront bien par céder" Talleyrand

"Il ne fait rien et le fait très bien"

"Quand une femme voit un homme, elle se demande souvent si le terrain est constructible" Catherine Nay

"Je tiens beaucoup à ma montre, Grand-Père me l'a vendue sur son lit de mort" Woody Allen

"Il aura toujours un grand avenir devant lui" De Gaulle

"Psy : regarde les autres quand une jolie femme entre dans une pièce"

"Elle ne fait rien, sauf son âge"

"Quand on ne parle plus de lui, il croit qu'il est devenu sourd"   Talleyrand à propos de Chateaubriand

"Il préfère savoir beaucoup, que de savoir bien"

La Bruyère

"Pour lui le travail est sacré, il ne l'approche pas"

"Il y a des gens qui parlent, qui parlent jusqu'à ce qu'ils aient enfin trouvé quelque chose à dire"

Sacha Guitry

"Qu'emporteriez-vous à lire sur une île déserte ?"
"Un marin tatoué !"   Marylin Monroe

"J'ai trouvé une idée merveilleuse : Je serai un homme de génie"   Balzac à sa sœur, un soir d'été

"L'homme n'aurait jamais dû descendre du singe"

Sylvain Tesson

"Le mariage est la principale cause de divorce"

Oscar Wilde

"Il se peut tout à fait que je me réincarne en coolie chinois, auquel cas je déposerai une réclamation"

Churchill

"Je cherche un petit bois touffu, que vous portez, *Aminthe*"   Voltaire

Conte des Mille et une Nuits.

Compliments : sésame de la conversation

"Sésame, ouvre-toi" est la phrase magique qui ouvre l'entrée de la caverne où les quarante voleurs ont caché leur trésor.

Les compliments sont le sésame qui va ouvrir et encourager la conversation.

Car un compliment sincère permet à l'autre de se sentir à l'aise dans l'échange et facilite la relation.

On va toucher, honorer, distinguer, rassurer, rendre plus fier, en entrant dans le domaine des **émotions**.

"Soldats ! Je suis content de vous", disait Napoléon.

Les compliments sont une **nourriture** de l'esprit et du cœur.

Mark Twain, écrivain, essayiste et humoriste américain, disait qu'un compliment bien choisi lui faisait de l'effet pendant soixante jours.

Soixante jours ! On comprend pourquoi des compliments sincères et mérités font partie des conversations réussies.
Et aussi pourquoi il vaut mieux les faire en début de conversation :

"Voilà une bonne question"
"C'est très vrai ce que vous dites"

"Tu es drôle !"
"Bravo ! J'aimerais entendre cela plus souvent"

"Très juste !"
"J'aime ce tu dis, c'est bien pensé et bien dit"

"Intéressant, cette idée de ..."
"Tu sens bien les choses"

"Vous êtes intéressante et amusante, c'est rare"
"Oui ! Bien vu !"

*"Un mariage heureux est une longue conversation
qui semble toujours trop brève"*
André Maurois.

Conversation : objet volant non identifié

Converser, c'est échanger des idées, des mots, des impressions, des souvenirs, des états d'âme, des nouvelles, des intentions, des souhaits...

"C'est parler ensemble, sans chercher à convaincre. Le but est de mieux se connaître, se comprendre, non de se mettre d'accord"*

Ce qui compte dans une conversation, c'est moins l'intention que **l'attention**.

La conversation se distingue par-là, de la discussion qui suppose un désaccord et le désir et d'y mettre fin et du dialogue qui tend vers une vérité commune.

* André Comte-Sponville, Dictionnaire philosophique.

On parlera d'une discussion serrée, d'un dialogue de sourds, mais d'une conversation "à bâtons rompus"

On dira que la conversation "roula sur la politique"

Car la vraie conversation ne tend vers rien, ou ne tend que vers elle-même.

Sa **gratuité** fait partie de son charme.

C'est l'un des plaisirs de l'existence, spécialement entre amis. Leurs différences les réjouissent. Pourquoi chercheraient-ils à les supprimer ?

La conversation est très importante pour le sentiment joyeux de soi, mais aussi pour la cohésion sociale.

Il faut voir l'importance en France, en Espagne, au Maroc, pour ne citer qu'eux, de la place du village et du rituel l'été à la tombée du jour, qui consiste à se retrouver pour simplement converser ensemble et renouer les liens.

Dialoguer ou converser

Nous confondons trop souvent dialogue et conversation.

Converser, c'est échanger des impressions, des nouvelles, des rumeurs, des humeurs, dans le but de nous distraire et de mieux connaître les autres.

Et pour cela, nous n'avons pas forcément besoin d'avoir un ou des sujets de conversation.

Dialoguer *sur un sujet*, c'est mettre en commun des idées, des doutes, des questions, en les soumettant à la **critique** bienveillante d'autres personnes.

Par exemple, on va dialoguer sur les moyens de ralentir le déclin de la biodiversité en réalisant des éco projets comme : participer à des ateliers écoresponsables, planter des arbustes mellifères, créer des prairies fleuries avec des floraisons échelonnées toute l'année pour attirer abeilles, papillons, écureuils, hérissons, oiseaux etc.

Et dans ce dialogue, on va accepter l'interaction et la remise en cause possible de ce que l'on pense et de ce que l'on dit.

Le dialogue demande une **écoute** encore plus fine que la conversation.

Mais attention au piège :
Croire qu'il suffit de converser quand un dialogue est attendu, revient à prendre ce que pensent et ce que disent les autres "à la légère"

Et cela peut être très frustrant pour l'épouse, les enfants, les ados, la famille, les amis, les collaborateurs...

Comme le disait Mark Twain : "Prendre quelqu'un à la légère, c'est une lourde responsabilité"

Jean **d'Ormesson** et la bonne humeur

Jean d'Ormesson avait cinq dieux : La mer, le soleil, les livres, les femmes... et la conversation.

"La conversation est un art aussi éphémère et fragile que les arts de la table ou du jardin" disait-il.*

"Car elle doit se garder de plusieurs **écueils** :
- la futilité bavarde, cette propension à raconter des riens,
- être une tribune où l'on assène doctement ses opinions et où l'on déverse son savoir,

* J.M Rouart, Dictionnaire amoureux de Jean d'Ormesson.

- ou encore le monologue d'un raseur qui assèche d'un coup le plaisir de la fête"

"Une bonne conversation doit être une **fête** où l'esprit circule librement parmi les participants sans que personne se sente laissé à l'écart"

"Et sans que le fossé se soit creusé entre les ignorants et les sachants, les intelligents et les demeurés, les timides et les effrontés"

"Car si l'on réunit des amis ou des connaissances, c'est dans le but d'une réjouissance qui permet le rire"

Et Jean d'Ormesson était doué pour le rire et la bonne humeur.

Ce qui est un atout maître pour la conversation.

Louis XV aurait pu dire de lui, ce qu'il disait du cardinal de Bernis :
"Monsieur, vous avez l'air d'une bonne nouvelle"

Converser avec une (jolie) **écologiste**

- **M**on oncle, j'ai visité sur une île de l'océan İndien une caverne datant du paléolithique.
Le guide a dit que la Terre avant l'homme était un "paradis" et que la nature était "bonne"

- Ma jolie nièce, aurais-tu fait tourner la tête de ce guide ? Les dinosaures pensaient-ils vivre dans un "**paradis**" quand la gentille météorite de la taille d'une montagne, les a anéantis avec la plupart des espèces, il y a 66 millions d'années ? Sans compter les éruptions volcaniques, les tremblements de terre, les cyclones, les tsunamis et les autres joyeusetés qu'ils ont connues avant.

Quant à la "**bonne nature**", pense à *Doucette* ta chatte si mignonne qui mutile et tue tout ce qu'elle peut attraper, même quand elle n'a pas faim.
Sais-tu que les chats tuent par an, des milliards d'oiseaux, de reptiles et de petits mammifères ?
Loin d'être "bonne" comme le pensait Rousseau, la nature est violente et impitoyable.

- Oui... c'est sans doute un **rêve** de paradis perdu qui nous fait croire tout cela.
Mais tu n'es pas un climatosceptique, j'espère ?

- Rassure-toi : Je suis parfaitement conscient du changement climatique, mais je m'interroge sur la part qui revient à l'homme (... et à la femme)
- Parce qu'il y aurait d'autres causes que l'homme dans ce dérèglement ?

- Oui ! Nous savons que la Terre tourne autour du soleil sur une orbite précise et que la Terre tourne sur elle-même selon un certain angle d'inclinaison par rapport au soleil. Une très légère variation de ces paramètres fait varier la position de l'équateur, ce qui peut faire **changer** radicalement le climat.

- Je n'avais pas pensé à ça. On a des exemples ?
- Oui ! La planète a connu beaucoup de bouleversements climatiques. Les phases de glaciation et de réchauffement alternent depuis des millions d'années. Sais-tu qu'il y a 10.000 ans, le Sahara était verdoyant ?
Vers 3.000 avant notre ère, en l'espace de quelques générations, la température a augmenté de plus de 10°C dans plusieurs régions du monde. Et au Moyen Âge, les grands glaciers alpins avaient autant reculé qu'aujourd'hui.

- On est sûr de ça ?
- Oui ! On a toute une série de **preuves**, notamment des sédiments que l'on a retrouvés.

- J'étais cet été au milieu des pins, pas loin des feux de forêt qui me terrifient. On dit que des **records** de chaleur ont été battus partout.

- Des records oui, mais depuis quand ? Nous ne connaissons pas les températures des grandes périodes qui nous ont précédés.

Et puis il y a des choses que l'on ne comprend pas. Par exemple le *Dust Bowl*, une période très chaude dans les **années 30** qui a touché les grandes plaines des États-Unis et du Canada avec de gigantesques tempêtes de poussière et de sable.

- Les années 30 ! Le Canada ! Mais alors, ce n'était pas dû à la pollution industrielle ?

- Exactement ! Mais le plus incompréhensible c'est après, un refroidissement tellement intense, que l'on a cru qu'un nouvel âge glaciaire arrivait.

Même le vin gelait dans les bouteilles, l'horreur...

- Arrête, j'ai froid. Mais alors, qu'est-ce qu'on fait ? Moi, je milite avec mes amis pour la décroissance. Limitons nos besoins et consommons moins !

Cela fera beaucoup de bien, à nous et à la planète.

- La décroissance est une **fable** du type "paradis perdu" car lutter contre le réchauffement et les pollutions, va demander des investissements que la décroissance empêcherait de réaliser.

- Es-tu un optimiste, mon oncle ?

- Oui, et je pense que l'œil avec lequel on voit les choses change tout. Il y a les **effondristes** qui pensent que tout ira de plus en plus mal, que la planète est en état de mort cérébrale et les **optimistes** comme moi, qui pensent qu'on va pouvoir agir et trouver des solutions grâce aux technologies vertes qui arrivent.

- C'est vrai, je suis une éco anxieuse, une stressée climatique. J'ai peur pour la planète, pour mes enfants, pour moi, pour nous tous... ; Ce qui m'angoisse le plus, c'est la disparition des espèces.

- Je comprends ton inquiétude, mais l'angoisse empêche d'être lucide. Plutôt que de disparition, il vaut mieux parler de remplacement : On estime que 99% des espèces sur Terre ont disparu et ont été remplacées par d'autres espèces.

La sélection naturelle est une **lessiveuse** : Les espèces les moins adaptées disparaissent et sont remplacées par d'autres espèces qui sont toute contentes d'être là.

Souviens-toi : C'est parce que notre courageux Sapiens (homo et optimiste) a tenu bon dans des cavernes polluées, pour lutter contre les fauves, le froid, les moustiques... et s'est **adapté**, que tu peux aujourd'hui parler d'écologie avec moi.

"Ce qui fait que si peu de personnes
Sont agréables dans la conversation
c'est que chacun songe plus à ce qu'il veut dire
qu'à ce que les autres disent"
La Rochefoucauld.

Écouter et entendre

Nous écoutons souvent sans vraiment entendre ce que l'on nous dit et très peu de gens savent écouter et entendre quand il le faut.

Il y a bien sûr les comportements **anti-écoute** de base : Pas disponible, pense à autre chose, pas assez attentif, manque de curiosité, coupe la parole, est impatient, fait les questions et les réponses, est négatif ou sceptique, a des a priori et des préjugés...

Mais il y a d'autres comportements qui peuvent empêcher de bien écouter.*
Imaginez que quelqu'un vous dise dans une conversation : "Je suis fier d'avoir eu ce poste qui

* Henry Ranchon, Mon coach, c'est Moi !

est un vrai défi pour moi, mais je crains de ne pas être à la hauteur"

Vous pouvez faire six choses très différentes qui vont influencer et **déformer** votre écoute :

☞ Conseiller : "Tu devrais t'y préparer et suivre une formation" ; Vous ne cherchez pas à comprendre, vous conseillez trop tôt. Or donner des conseils trop tôt peut gâcher une conversation.
"Ne donne pas de conseil à moins qu'on ne t'en prie" disait Érasme.

☞ Juger : "Tu as tort de t'inquiéter" ; Vous ne cherchez pas non plus à comprendre, vous évaluez et portez un jugement.

☞ "Dis-moi comment tu vas t'y prendre" ; Vous continuez à ne pas chercher à comprendre. Vous posez des questions pour au fond, sélectionner ce qui vous intéresse.

☞ "Tu manques de confiance en toi" ; Vous interprétez ce que l'on vous dit.

☞ "Ne t'inquiète pas, tout le monde passe par là quand on a une promotion importante" ; Vous ne cherchez toujours pas à comprendre, mais à rassurer. Ce n'est pas de l'écoute mais du soutien.

☞ "Pourquoi as-tu peur de ne pas être à la hauteur ?" ; Là, vous faites l'effort de comprendre ce que ressent votre interlocuteur en vous mettant à sa place, en lui posant une question et en lui montrant que vous l'écoutez vraiment.

Mais le mieux pour montrer que l'on écoute, est tout simplement de **revenir** et d'insister sur ce que votre interlocuteur vient de dire :

"Explique-toi" ; "Que veux-tu dire ?"
"Dites-m'en davantage" ; "Donne-moi des détails"
"Ça s'est vraiment passé comme ça ?"

"Que s'est-il passé au début ?"
"Tu as dû être surprise !"
"Que s'est-il passé ensuite ?"

Sans oublier que bien écouter signifie aussi regarder l'autre, les autres, dans les yeux car *l'écoute se voit.*

"Le talent c'est atteindre un but que les autres ne peuvent pas atteindre, le génie c'est atteindre un but que les autres ne voient pas"
Schopenhauer.

Einstein et la musique

- **A**lbert, tu as une décontraction, une fraîcheur que j'admire, qui fait envie et qui est très importante dans une conversation. Tu n'es jamais pressé ni impatient. Mais comment donc fais-tu ?*

- *Einstein* : J'ai une aptitude singulière. Je suis ici sans y être tout à fait car je peux me téléporter ailleurs sans effort. Par exemple, je peux **m'imaginer** installé à mon bureau alors que je suis

---

* Conversation imaginaire avec Albert.

dans ma baignoire. Et comment pourrais-je être pressé et impatient dans mon bureau-baignoire ?

- Hum, c'est tout ? Mon petit doigt me dit qu'il manque quelque chose.
- *Einstein* : Oui, bien sûr, tu as raison, il manque l'essentiel, la passion. Quand tu es passionné par quelque chose, tu n'es en général, ni pressé, ni impatient.

- Je suis impatient de connaître tes passions, cela peut me donner des idées...
- *Einstein* : Avant tout, j'aime la **musique** d'un amour irrépressible. Je pense en musique, je vis mes rêveries en musique. Je me réfugie dans la musique, ce qui le plus souvent résout toutes mes difficultés.
Pour moi, les sonates de Mozart sont le reflet de la beauté intérieure de l'Univers.*

- Ta grande passion est aussi la lumière ?
- *Einstein* : Oui ! J'ai toujours été passionné par la **lumière**. Tout petit, je m'imaginais chevauchant un rayon lumineux, me demandant comment je percevais la lumière.

* Etienne Klein, Le Pays qu'habitait Albert Einstein.

Ou j'imaginais que j'étais dans un ascenseur et qu'un rayon de lumière passait à travers un trou du plancher.

Ou encore que deux bateaux se croisaient avec leurs capitaines à leur proue tenant chacun une lanterne et je réfléchissais au trajet des rayons lumineux.

Et c'est à partir de ces **images mentales** mises sous forme d'équations mathématiques, que j'ai pu réfléchir à la courbure de l'espace-temps, à la déviation des rayons lumineux et à la relativité.

- Albert, pourquoi fixes-tu ma tasse de thé comme ça ? As-tu soif ?
Ou vois-tu des choses que je ne vois pas ?

- *Einstein* : Je vois dans ton thé, sous l'apparence d'un liquide calme et tranquille, d'innombrables particules qui se livrent à une danse effrénée.
- Des atomes ?

- *Einstein* : Oui ! Des milliards d'atomes d'hydrogène et d'oxygène dansent dans ta tasse de thé et s'agitent dans tous les sens.
Démocrite, avait pressenti cela il y a 2.500 ans.

Les atomes d'hydrogène qui dansent dans ton thé se sont formés dans l'Univers primordial il y a plus de 13 milliards d'années et les atomes d'oxygène dans le cœur brûlant d'une étoile, il y a 5 milliards d'années.

- C'est bizarre, je trouve que mon thé a un drôle de **goût**...
Mais dis-moi, la danse de ces atomes doit dégager une énergie colossale puisque, comme tu l'as démontré, l'énergie dégagée est fonction du carré de la vitesse de la lumière.

- *Einstein* : Oui, tu as raison, mais leurs mouvements se compensent et s'annulent.
Tu peux boire ton thé tranquillement.

- Albert, tu as dit que le meilleur endroit pour mourir est la Suisse.
Est-ce parce que tu as longtemps vécu à Berne ?

- *Einstein* : Non ! C'est parce qu'en Suisse, tout se produit trente ans plus tard qu'ailleurs...

Elizabeth et Andrew

- *La Reine* : Je vous aime beaucoup Andrew mais je suis désolée, entre la monarchie et la famille, j'ai toujours choisi la monarchie. Protéger l'honneur de la lignée régnante est mon devoir.

- *Andrew* : Quitte à faire de votre fils un **paria** ?

- *La Reine* : Je le crains. J'ai été formée par ma grand-mère, la reine Mary qui a été reine consort de 1910 à 1936 sous le règne de son époux George V qui a dû sacrifier son propre fils Edward VIII, lors de la crise de l'abdication.

- *Andrew* : Il avait pris la décision de renoncer au Trône. Je voulais continuer à vous servir.

- *La Reine* : Je vous ai défendu pendant deux ans face à vos très nombreux accusateurs. Mais après le verdict new yorkais, ma position était intenable. Il fallait sanctuariser la monarchie.

- *Andrew* : Je me sens dans la position d'un bouc émissaire sacrifié sur l'autel de la raison d'État.

- *La Reine* : Andrew, vous êtes le duc d'York, vous gardez l'ordre de la Jarretière qui est la distinction la plus prestigieuse du royaume et vous pourrez donc défiler avec un chapeau orné de **plumes** d'autruches **blanches**...

- *Andrew* : Je vous en remercie mais cela ne va pas arranger ma situation financière.

Je suis sur la paille !

- *La Reine* : J'ai payé les honoraires de vos avocats américains et je continuerai à le faire dans la mesure de mes moyens. La vente de votre chalet devrait vous faciliter la tâche.

Dans votre situation, était-il bien raisonnable d'acheter une Bentley alors que vous avez déjà deux Rolls et une Range Rover ?

- *Andrew* : J'étais déprimé, j'avais envie de me faire un petit cadeau. Je n'ai pas comme vous, de chien Corgi pour me tenir compagnie et les seuls chevaux que je monte sont sous le capot de mes voitures.

Alice au Pays des Merveilles.

Converser avec un **enfant**

"Grand Pa' pose-moi des questions" me demande Louis 8 ans, sur la plage d'une "île parfumée que le soleil caresse"[1]*

Je réalise mieux alors l'importance des **questions** pour un enfant.

Mais il ne s'agit pas de lui demander "ce qu'il a fait aujourd'hui à l'école" car l'enfant va avoir du mal à ordonner les choses.

Il vaut mieux lui poser des questions concrètes en se plaçant sur le terrain du jeu, de la fantaisie, de la magie et en se servant d'animaux comme le faisait La Fontaine.

* Île Maurice, Baudelaire, 1841.

Et comme l'a fait Lewis Carroll dans son conte "Alice au Pays des Merveilles" imaginé en 1862 pour distraire son "amie-enfant" **Alice** (10 ans)

"Louis, sais-tu ce qu'est un homard ?"
"Et connais-tu la danse des homards ?"

- Vous n'avez peut-être pas beaucoup vécu sous la mer, aussi vous ne pouvez imaginer combien un quadrille de homards peut être délicieux.

- Non, en effet, répondit Alice. Quelle sorte de danse est-ce donc ?

- Eh bien, dit le Griffon, on se met d'abord sur deux rangs le long du rivage : phoques, tortues, saumons, et ainsi de suite.

- Ensuite, quand vous avez débarrassé le sol de toutes les méduses, on fait deux pas en avant, chassé-croisé, chacun avec un homard pour partenaire.

- Changez de homard, et on se retire dans le même ordre, continua le Griffon.

Un merlan dit à un escargot : "Voulez-vous avancer un peu plus vite, il y a derrière nous un marsouin qui marche sur ma queue"

- Regardez avec quel empressement les homards et les tortues toutes avancent.
Ils attendent sur les galets.

- Vous n'avez pas la moindre idée du délice que ce sera quand on nous attrapera et qu'avec les homards dans la mer on nous jettera.

Mais l'escargot répondit avec un regard de défiance : "Trop loin, trop loin !"

- Qu'importe que nous allions loin, son écailleux ami répliqua. Sur l'autre bord savez-vous, un autre rivage il y a. Plus on s'éloigne de l'Angleterre, plus on s'approche de la France.

- Alors, mon escargot adoré, ne pâlissez pas, mais venez et entrez dans la **danse**.

- Voulez-vous, ne voulez-vous pas, voulez-vous, ne voulez-vous pas, entrer dans la danse ?

Rosine, Le Barbier de Séville.

Conversation **enjouée**

Une bonne conversation se doit d'être enjouée plutôt que brillante.

Brillante, elle risque d'éteindre les autres, gaie et enjouée elle va les stimuler, les exalter.

"Noël 1774 approche. Beaumarchais reçoit d'un ami la bonne nouvelle qu'une très jolie jeune dame souhaite le rencontrer pour qu'il lui prête sa harpe. Beaumarchais répond que, par principe, il ne prête jamais sa harpe"*

---

* Erik Orsenna, Beaumarchais, un aventurier de la liberté.

"Mais si cette personne veut venir converser avec moi, je l'entendrai et elle pourra m'entendre"
Ils vont s'entendre tout le reste de leur vie.

L'admiratrice a vingt-deux ans, s'appelle Marie-Thérèse-Amélie de Willermaulaz, un nom qui fleure bon la Suisse d'où vient sa famille. Elle porte la coiffure à la mode, créée par la modiste de Marie-Antoinette, un panache fait de trois plumes, porté à l'arrière de la tête et baptisé "*Ques a co*"

Hurlez braves gens ! Notre auteur appelait son amour "sa ménagère" ; Ah ! L'heureuse époque... Ses yeux sont grands et bleus, sa carnation pâle, son esprit libre, sa culture aussi manifeste que discrète, sa conversation gaie et enjouée.

On pense à **Figaro** * :
- Le Comte :
"Qui t'a donné une philosophie si gaie ?"

- Figaro :
"L'habitude du malheur. Je me presse de rire De tout, de peur d'être obligé d'en pleurer"
"Jamais fâché, toujours en belle humeur Donnant le présent à la joie"

* Le mariage de Figaro.

"Bannissons le chagrin, il nous consume"
Le Barbier de Séville.

"Aujourd'hui, ce qui ne vaut pas la peine d'être dit on le chante"
Le Barbier de Séville.

"Forcé de parcourir la route où je suis entré sans le savoir, comme j'en sortirai sans le vouloir, je l'ai jonchée d'autant de fleurs que ma gaieté me l'a permis"

"Maître ici, valet là, selon qu'il plaît à la fortune, ambitieux par vanité, laborieux par nécessité, mais paresseux... avec délices !"

"Orateur selon le danger, poète par délassement, musicien par occasion, amoureux par folles bouffées, j'ai tout vu, tout fait, tout usé"
Le mariage de Figaro.

İncroyable **Beaumarchais** : Horloger, musicien, aventurier, armateur, vendeur d'armes en Amérique, espion en Angleterre, auteur de pièces de théâtre célèbres, sifflé un soir, ovationné le lendemain, riche un jour, ruiné le lendemain, riche le surlendemain. D'une vitalité à couper le souffle et toujours... en conversation.

*"La conversation exige qu'on y soit présent
tout entier, mais la plupart des hommes
sont absents d'eux-mêmes"*
André Maurois, La Conversation.

Envies de converser

Converser agréablement est un grand plaisir mais demande par-delà les apparences, beaucoup d'attention, d'habileté, de savoir-faire, d'énergie.

C'est pourquoi une conversation ratée, peu agréable, amène beaucoup de déception et de frustration qui laisseront des traces dont on se souviendra longtemps.

Il y a donc un **préalable** à une bonne conversation, c'est d'avoir envie de converser avec des personnes qui ont elles aussi, envie de converser. Car contrairement à ce qu'ils pensent et disent, peu de gens sont intéressés et ont vraiment envie de converser et d'échanger équitablement avec d'autres, en faisant l'effort de les comprendre et en désirant les mettre en valeur.
De vrais coffres-forts !

Esprit français de la conversation

Madame de Staël incarne l'esprit français. Bel hommage pour une Suissesse...

Il est vrai qu'elle maîtrise l'art de la conversation comme personne. Elle le théorise même :

"La conversation se doit d'être vive et piquante, d'une **gaieté** qui rend aimable dans l'art de dire et de taire ce qu'il faut"

Cet art selon elle, ne peut être que français.

"Les Français, assure-t-elle, ont une manière d'agir les uns sur les autres, de se faire plaisir réciproquement et avec rapidité, de jouir à l'instant de soi-même, d'être applaudis sans travail"

Elle définit l'esprit français comme "l'art de parler **légèrement** de ses malheurs pour ne pas ennuyer"

Et comme "le talent de vivre vite"

Nietzsche qui aimait beaucoup la France, rêvait d'une œuvre dont la profondeur donnerait la main à la légèreté.

Et Umberto Eco le grand écrivain italien s'interrogeait : "Il est connu que les Français savent pratiquer l'art de la conversation de façon quasi liturgique. Est-il vrai que nous, Italiens, n'en sommes pas capables ?"

Converser avec les ados, plus **fort** que les JO !

Sauf divine surprise, converser avec les ados est difficile car l'adolescence est le temps des doutes et des inquiétudes : Qu'est-ce qui me plaît vraiment ? Qui va m'accepter ? J'ai peur de perdre des amis. Je suis soucieux pour mes notes, l'avenir, mon corps, les drogues. Vais-je pouvoir résister à l'entraînement des autres ?...
Voici comment aborder au mieux, les JO ados :

☞ Éviter tout ce qui peut renforcer l'inquiétude "Sois prudent", "Fais attention", "Quand j'avais ton âge", "Lui au moins...", "Quand tu seras grande", "Prend exemple sur..."

☞ Se placer sur le terrain des sentiments en décrivant ce que l'on ressent et en aidant l'ado à exprimer ce que lui peut **ressentir** :
"Je serais tellement heureuse d'entendre que..., ça me ferait tellement plaisir si..., quelque chose te rend triste, je comprends que tu aies de la peine, je me mets à ta place, j'étais comme toi"...

☞ Le complimenter et poser des questions sur ce qui est **important** pour elle, pour lui (vêtements, sports, hobbies, notes en classe, copains...)

☞ Préférez les échanges **courts** en recherchant toutes les occasions de converser : nature, sports, vêtements, télé, films, musique, courses...

Et plutôt que la raison et la logique, utiliser **l'imaginaire** et la fantaisie, par exemple :

"Comment imagines-tu ta maison plus tard ? Tu aurais un jardin, un chat, un chien, une belette ?

"Si demain tu étais millionnaire, tu ferais quoi ?"

"On devrait faire une pétition pour supprimer les notes à l'école. Tu es d'accord ?"

"Si tu invitais les souris du voisinage à dormir dans ta chambre, tu crois qu'elles viendraient toutes ?

"Si tu étais un ange, tu ferais quoi, tu dirais quoi ?"

"Si la prof de maths faisait du hip-hop, tu apprendrais mieux les maths ?"

"S'il y avait un concours de vêtements à l'école, tu mettrais quoi ?"

"Si tu étais un prince, tu voudrais être prince de quoi : hip-hop ? foot ? rap ? magie ? élégance ? blagues ? vélo sauteur ? DJ ? ambianceur ?"...

"Si tu épousais ton portable, quelle genre de cérémonie voudrais-tu que l'on organise ?"

"Tu préfèrerais être une lionne d'Afrique, un éléphant du Penjab, un calao bicorne, un colugo volant, un papillon jaune... ? Dis-moi pourquoi."

Conversation à la **française**

"**Y** a-t-il art plus délicat que la conversation à la française ?"*

Impossible de l'imaginer acerbe, bruyante, faite de règlements de comptes, de mises au pas, de menaces.
Elle sera toujours gracieuse, intime (on l'imagine à deux plutôt qu'à cinquante), savante mais simple et légère.

Chacun restera courtois, et au moment de la séparation, quittera l'autre avec le sentiment d'avoir brillé, ébloui, séduit, mais aussi d'avoir rassuré, amusé, **donné à l'autre** l'occasion de briller.

En un mot, chacun aura plu, et à cette joute qui se voudra le comble du savoir-vivre, il n'y aura que des vainqueurs.

* Metin Arditi, Dictionnaire amoureux de l'Esprit français.

Impossible d'imaginer que le propos déborde de bons sentiments, on tomberait dans la niaiserie et cela en serait fini du devoir d'intelligence.

On fera appel à "**l'esprit de finesse**", la lucidité sera constante, mais on dosera les traits avec bienveillance.

L'art de la conversation à la française aura sa place en toutes circonstances.

Bien sûr, il conviendra de ne jamais aborder son domaine de spécialité, ou alors en passant et si possible en se moquant de soi-même.

Au savoir que l'on voudra partager, il conviendra de **distribuer** les mérites à un autre.

On ne se lancera dans aucun monologue qui dépasse les **deux** minutes, trois à l'extrême limite, une seulement, si possible.

Chacun voudra séduire, détourner, conquérir, suborner, enjôler. Est-ce une faute ? Surtout pas ! À défaut, l'exercice serait vain.

Séduire, c'est amener ailleurs. Faire découvrir d'autres territoires.

Offrir l'occasion d'un étonnement.
Enrichir la vie de l'autre et le rendre heureux.

Briller, en faisant son bonheur !

Cet art de la conversation à la française incarne l'esprit républicain dans ce qu'il a de plus authentique.

La liberté de propos est totale. Le souci de l'autre et la place qui lui est faite se fondent sur **l'égalité**.

Si l'un des interlocuteurs vise à "remporter le morceau", à quitter la conversation avec le sentiment d'avoir eu "la main haute", l'exercice sera vain et pour tout dire vulgaire. Et l'on se retrouverait aux antipodes de l'esprit français.

L'échange courtois, attentif, soucieux de proposer une substance, une réflexion, l'échange empreint d'élégance, devra déboucher sur une égalité, et offrira même quelquefois le bonheur d'une **fraternité**.

Humour : le gardien du phare

Un humour tempéré, adapté, apporte la décontraction et la légèreté indispensables à une bonne et vraie conversation.
L'humour permet de rythmer les échanges et surtout de **réorienter** une conversation qui glisse dangereusement vers trop de monologue, de technique, d'émotion, de lourdeur, d'ennui...

Mais qu'est-ce que l'humour ?
"Une forme de comique, mais qui fait rIre surtout de ce qui n'est pas drôle"*

Par exemple, ce condamné à mort qu'on mène un lundi à l'échafaud : "Voilà une semaine qui commence bien !", murmure-t-il.

* André Comte-Sponville, Dictionnaire philosophique.

Ou Woody Allen : "Non seulement Dieu n'existe pas, mais essayez de trouver un plombier pendant le week-end !"
Ou encore cette actrice célèbre à qui on demande "Combien avez-vous eu de maris ?" et qui répond "En comptant les miens ?"

Cela suppose une prise de distance, un travail, une élaboration, une création. Ce n'est pas le réel qui est drôle, mais ce qu'on en dit.

Nous cherchons un sens, nous constatons qu'il fait défaut ou se détruit, nous rions de notre propre déconfiture.
Et cela fait comme un **triomphe** de l'esprit.

L'humour se distingue de l'ironie par la réflexivité ou l'universalité. L'ironiste rit des autres, l'humoriste rit de soi ou de tout.

Par exemple de Groucho Marx : "Je vous cèderais bien ma place, mais elle est occupée" ou encore "Je ne rentrerai jamais dans un club qui m'accepterait comme membre"

L'humour s'inclut dans le rire qu'il suscite.
C'est pourquoi il nous fait du bien, en mettant l'ego à distance.

L'ironie méprise, exclut, condamne.
L'humour pardonne ou comprend.
L'ironie blesse, l'humour soigne ou apaise.

L'humour apaise grâce à cette manière (si appréciée au Royaume-Uni) de se moquer de soi-même pour mettre à l'aise ses interlocuteurs.

Les plaisanteries fines et allusives d'Elizabeth II étaient souvent dirigées contre elle-même et étaient exprimées avec le plus grand sérieux, pour surprendre et **détendre** son entourage.

"L'humour, disait Boris Vian, est la politesse du désespoir", parce qu'il évite d'en incommoder les autres. Il y a du tragique dans l'humour, mais c'est un tragique qui refuse de se prendre au sérieux.

Il travaille sur nos espérances pour en marquer les limites, sur nos déceptions pour en rire, sur nos angoisses pour les surmonter.

"Ce n'est pas que j'aie peur de la mort, explique par exemple Woody Allen, mais je préférerais être ailleurs quand cela se produira"

Ah ! Si tous les dieux avaient le sens de l'humour...

Joséphine impératrice

Par un bel après-midi de juin 1795, Bonaparte en disponibilité, flânait au Palais-Royal.*
Il aimait l'atmosphère turbulente et gaie de ce lieu.

"Paris est la capitale de la France, le Palais-Royal est la capitale de Paris" disait-on à l'époque.

Car là se trouvait rassemblé tout ce que la capitale pouvait offrir de luxe, de plaisirs et de commerces les plus variés.

Il y avait à l'époque une boutique d'épicier-traiteur décorée avec art et où les artistes se disputaient l'honneur de peindre son enseigne : "*Corcellet*"

* Corcellet-Prévost, À table au XIX° siècle.

Cette boutique fréquentée par les grands de l'époque, le fut aussi par de grands écrivains : Chateaubriand, Balzac, Flaubert, Hugo, Proust, la comtesse de Ségur...

C'était dans Paris, la plus belle boutique de vins, de liqueurs, de comestibles et de denrées coloniales.

On venait y chercher des mauviettes de Pithiviers, des perdrix de Périgueux, des guignards de Chartres, des mortadelles de Lyon, du veau de rivière de Rouen, du Cotignac (pâte de coing). Balzac a écrit de très belles pages sur ce régal de sa vie de collégien.

Un jour, à travers la vitrine de *Corcellet*, Bonaparte aperçut une jeune femme, coquettement vêtue, souriante et au corps souple, qui ne semblait pas trop farouche.

Elle croquait un **grain de café** du bout des dents, des dents petites, aiguës, très nettes.

Bonaparte hésita puis entra.
Il n'avait pas grande mine, serré dans son uniforme usé et "maigre comme un chat de gouttière" mais

il faut croire que quelque chose de bien séduisant était en lui car aussitôt la jeune femme lui sourit.

- Monsieur l'officier lui dit-elle, êtes-vous amateur de café ?
- De bon café, oui, dit Bonaparte.

- Alors arbitrez notre **différend** :
Monsieur Tasher de la Pagerie mon père, planteur à Rivière Pilote en Martinique, vient de faire parvenir ce sac de café à Monsieur Corcellet qui trouve aux grains un arrière-goût de moisi.
Qu'en pensez-vous, Monsieur l'officier ?

Ils entrèrent en conversation et le résultat fut tel que Bonaparte accompagna jusque chez elle la belle créole qui n'était autre que Joséphine de Beauharnais, la future impératrice.

Allez donc par un bel après-midi, flâner au Palais-Royal !

Corcellet n'est plus là, mais vous rencontrerez sûrement dans les jardins, un futur empereur.

La table de **Kant**

<u>C</u>élibataire endurci, hypocondriaque, aimant la bonne chère et la compagnie, Kant a élevé la routine, la maîtrise de soi et la conversation au rang des **beaux-arts**.

Homme de la raison pure et de l'ordre, de la mesure et de l'organisation, du rangement et de la discipline, il n'a jamais quitté sa bonne ville de Königsberg (Kaliningrad) sur la mer Baltique.

Il faisait chaque jour la même promenade, pile à la même heure. À huit heures moins dix, il avait mis son chapeau ; à moins cinq, il s'était saisi de sa canne ; à huit heures, il franchissait le seuil de sa

porte. Sa ponctualité était si légendaire, que ses voisins réglaient leurs montres sur son passage.
On le surnommait "L'horloge de Königsberg"
Il disait de sa montre qu'elle était le dernier objet dont il se serait passé. Il ne fut en retard qu'une seule fois, quand il apprit la Révolution en France.

Il ne supportait pas le désordre. Il fallait que les choses soient toujours à leur place. Tout changement lui était insupportable.

Le caractère obscur de ses œuvres est lui aussi légendaire. Un **duel** a même opposé un étudiant qui estimait que Kant était obscur et un autre qui pensait qu'il ne l'était pas.
On ne sait pas qui eut raison de qui...

Il conclut son principal ouvrage* en écrivant :
"Je me suis fixé une route que je suivrai. Une fois commencée ma marche, rien ne pourra l'arrêter"

"Deux choses remplissent mon cœur d'une admiration toujours croissante à mesure que la réflexion s'y attache : Le ciel étoilé au-dessus de moi et la morale en moi"

* Critique de la raison pure.

Outre la philosophie, il avait la passion de la conversation. Et pour qu'à table, celle-ci soit la plus réussie possible, il suivait quelques **règles**.

Pas trop d'invités, ni trop peu. "Moins que les Muses (neuf) et plus que les Grâces (trois)"
Des invités de différents états : fonctionnaires, professeurs, étudiants (à l'époque, les cours sont donnés au domicile du professeur), médecins, ecclésiastiques, négociants...

Ses hôtes sont plus jeunes que lui pour que la conversation soit pleine d'entrain et de bonne humeur.

Kant parle et fait parler chacun de ses invités. Tous les sujets sont abordés dans un grand esprit de tolérance, mais on ne parle jamais de philosophie. Ce serait trop facile pour lui, trop sérieux pour ses convives et risquerait de **gâcher** la conversation.

Il lui arrive même d'envoyer Lampe, son fidèle valet, convier un inconnu passant dans la rue.

Et vous, enverriez-vous votre valet, inviter au hasard un inconnu à votre table, pour le plaisir d'une conversation surprise ?

La Fontaine et la légèreté

"Vous souvenez-vous encore des quatre amis attablés dans les rires autour d'une bonne bouteille à la taverne du Mouton blanc ou à la Pomme de pin ?"

"C'était à Paris, sur la montagne Sainte-Geneviève, vers 1660. Ils s'appelaient La Fontaine, Molière, Boileau et Racine"*

Jamais autant de talent n'avait été aussi **gai**. Racine était le plus jeune. Le plus âgé était La Fontaine. Racine avait vingt ans et La Fontaine une quarantaine.

* Jean d'Ormesson, Une autre histoire de la littérature française.

"Quatre amis, écrit La Fontaine, lièrent une espèce de société que j'appellerais Académie si leur nombre avait été plus grand et qu'ils eussent autant regardé les muses que le plaisir"

La première chose qu'ils firent, ce fut de bannir d'entre eux les conversations sérieuses, réglées et tout ce qui sent sa conférence académique.

Quand ils se trouvaient ensemble et qu'ils avaient bien parlé de leurs divertissements, si le hasard les faisait tomber sur quelque point de science ou de belles-lettres, ils profitaient de l'occasion.

C'était toutefois sans s'arrêter trop longtemps à une même matière, **voltigeant** de propos en autre comme des abeilles qui rencontreraient en leur chemin diverses sortes de fleurs.

Papillon du Parnasse semblable aux abeilles,
Je suis chose légère et vole à tout sujet,
Je vais de fleur en fleur et d'objet en objet.

La Fontaine a été élevé dans la nature. C'est un campagnard plein de tendresse et d'amitié. Il se promène le long des ruisseaux, il court les prés et les bois, entre les lièvres et les bûcherons.

Il se sert d'animaux pour instruire les hommes.
C'est notre premier écologiste.

Cependant jusqu'ici d'un langage nouveau
J'ai fait parler le Loup et répondre l'Agneau.
J'ai passé plus avant ; les Arbres et les Plantes
Sont devenus chez moi créatures parlantes.

Et maintenant il ne faut pas
Quitter la nature d'un pas.

Son naturel et sa décontraction sont désarmants
et confinent au génie. Il est la coqueluche des
duchesses. Madame de Sévigné est folle de lui et
Madame de La Sablière ne se promène plus "sans
son chien, son chat et La Fontaine"
Mais prenons garde ! Sa nonchalance est savante
et sa **légèreté**, le comble de l'art. Car derrière
l'apparence sont dites des choses essentielles :

Trompeurs, c'est pour vous que j'écris,
Attendez-vous à la pareille.

Travaillez, prenez de la peine,
C'est le fonds qui manque le moins.

N'oublions jamais La Fontaine et fuyons, pour nos
conversations, les gens qui sont graves pour rien.

Lunettes de conversation

Quelle que soit la situation de communication, en tête-à-tête, face à deux personnes, devant un petit groupe, on peut vouloir :

- Séduire et plaire en pratiquant la conversation légère,

- Se décentrer d'un sujet délicat en pratiquant ce que l'on appelle la petite conversation qui est une conversation très superficielle,

- Échanger et approfondir des idées avec des personnes que je vais écouter et qui vont m'écouter, au cours d'un dialogue,

- Influencer et convaincre au cours d'un débat,

- Ou tout simplement accompagner ce qui est dit, en restant neutre.

Dans le carnet d'or de Doris Lessing, le personnage principal tient cinq carnets de vie : le noir pour le travail littéraire, le rouge pour l'engagement politique, le jaune pour les sentiments privés, le bleu pour ce qui est en rapport avec la psychanalyse, le carnet d'or tentant de rassembler le tout.

Pour bien communiquer, on peut aussi imaginer **cinq lunettes** différentes à mettre dans cinq situation*
- Des lunettes bleues pour la conversation,
- Des lunettes roses pour la petite conversation,
- Des lunettes vertes quand je veux dialoguer,
- Des lunettes rouges quand il faut débattre,
- Des lunettes transparentes quand je veux seulement accompagner et être neutre.

Car savoir d'emblée ce qui doit être dominant dans une situation de communication, permet de bien l'engager et bien la maîtriser. Par exemple :

- Mon épouse est invitée à dîner avec moi chez une de ses relations. Elle me demande de n'aborder aucune discussion trop sérieuse.
Je comprends et je mets en souriant mes lunettes **bleues**, celles de la conversation légère.

- Je suis devant un adolescent en pleine crise et en pleine interrogation sur lui et sur sa vie. Je connais les pièges de cette situation. Je ne peux ni

* Henry Ranchon, Mon coach c'est Moi !

converser, ni dialoguer, encore moins débattre mais je dois introduire de la fantaisie et de la légèreté. Je mets tranquillement mes lunettes **roses**, celles de la « petite » conversation.

- Je suis manager d'équipe et je me prépare à l'entretien d'évaluation annuel avec un de mes collaborateurs. C'est un moment difficile pour moi et redouté pour lui. Il ne s'agit ni de converser ou de débattre, mais de dialoguer.
Je mets sereinement mes lunettes **vertes**, celles du dialogue et je me prépare à l'écoute, à l'échange, à l'interaction et aussi à la remise en question de ce que je vais lui dire.

- Je suis conseiller municipal et je participe à une réunion très attendue par l'opposition.
Je mets en me concentrant mes grosses lunettes **rouges**, celles du débat et je me prépare à argumenter et à réfuter.

- Je m'ennuie fort dans un dîner où je ne peux ni converser, ni dialoguer, ni débattre, ni même faire un peu d'humour.
Je mets en soupirant mes lunettes **transparentes** neutres du point de vue de la communication.
Et je m'endors... sur l'épaule de ma voisine.

Conversation autour du **maquillage**

- *Françoise Giroud* : Le maquillage fait partie du jeu de la séduction, d'ailleurs, il a toujours existé. C'est intéressant, non, que depuis la nuit des temps, depuis les Égyptiens, les femmes se soient maquillées ?*

- *Bernard-Henri Lévy* : J'ai longtemps professé un amour sans bornes du maquillage. Pour moi, le maquillage est un signe de **haute culture**.

- *Elle* : Le crime de Louis XV : Exiger de ses maîtresses une fraîcheur rustique et leur refuser le maquillage.

- *Lui* : L'honneur des femmes, par le jeu du maquillage : consolider et diviniser la beauté, se rapprocher de la statue, c'est-à-dire un être divin et supérieur.

* F.Giroud et B.H.Lévy, Les hommes et les femmes.

- *Elle* : Pauvre George Sand ! Le plus grand reproche qui lui est fait, c'est de ne pas se maquiller.

- *Lui* : Et d'être du coup, proche, trop proche, et de la nature et du péché originel.

- *Lui* : L'idée est en fait, qu'un corps n'est acceptable que s'il est travaillé, cultivé. Il y a le corps, objet naturel et il y a le corps, artefact culturel, c'est celui qui est adorable.

- *Elle* : Une femme, un homme, ne sont beaux que dans l'exacte mesure où l'artifice, c'est-à-dire le maquillage, les arrache à l'animalité.

- *Lui* : Bref. Sur le principe, je suis évidemment d'accord avec cela. On ne peut qu'être d'accord.

- *Elle* : Le maquillage accuse certains traits. Le **regard**, par exemple, qui est si important dans un visage. C'est important, l'éclat du sourire.

- *Lui* : Mais je pense qu'un maquillage trop travaillé enlève de l'équivoque, de l'ambiguïté à un visage.

- *Elle* : Donc à la séduction. Encore que l'on puisse, également, dire qu'un maquillage lourd vous met le sexe sur la figure.

- *Lui* : Ce ne serait pas, en soi, pour me déplaire. Mais je trouve, encore une fois, que cette exhibition est souvent sans subtilité, donc sans charme. Un visage presque nu a plus de volubilité, donc plus de sensualité.

- *Elle* : Disons qu'un maquillage outré fige, une certaine manière, la physionomie.

- *Lui* : Prenez le cinéma. Plus un visage est nu, plus il a de chances de véhiculer de signes, du sens.
Le fin du fin, en réalité, c'est probablement le maquillage qui ne gomme pas, mais simule le **naturel**.

- *Elle* : Celui qui ne se voit pas.

- *Lui* : Stratégie suprême !
Merci Françoise Giroud, pour cette séduisante conversation.

Marcher et converser en compagnie de Gaïa

- Viens ! Allons à la mare aux canes. Ces paisibles animaux nous attendent et seront ravis de faire ta connaissance. Trois heures de marche, ça te va ?

- Oui, trois fois oui ! "La marche est le meilleur **remède**" disait Hippocrate 2.400 ans avant nous. La marche est un fabuleux moyen de prévenir des maladies comme l'obésité, l'arthrose, l'Alzheimer, le diabète, le cancer du côlon, les accidents cardio-vasculaires...
Car le cœur bat plus fort, le sang circule plus vite.

- Et en forêt on se verdit, on s'oxygène. Les Japonais adorent les "bains de forêt".

- On devrait, comme les Índiens d'Amérique, marcher pieds nus sur **Gaïa** la Terre, notre mère nourricière, pour mieux communiquer avec elle.

- "La marche dompte la bête" dit Sylvain Tesson. Il veut dire que la marche ralentit le cœur, dissout les idées noires, épuise la colère, chasse le stress, dégraisse, purifie le corps et l'esprit...

Les jeunes, zombifiés par leurs portables et de plus en plus anxieux, devraient se redresser et marcher.

- Tesson veut dire aussi que dès que je marche, je suis deux, mon corps et moi, un vrai couple. Je me regarde, je m'encourage, je me corrige, je m'interpelle, je m'évalue, je règle mes comptes avec moi.

Car je ne dépends que de moi pour avancer.

- Et en marchant, le corps est occupé. Il cesse d'intimer à l'esprit l'ordre de lui procurer quelque chose à faire. Le corps est un enfant hyperactif que l'esprit tente de calmer. La marche est le dérivatif de l'agitation intérieure, voilà pourquoi la marche "dompte la bête" ; Et il n'y a qu'une manière d'avancer, un pied devant l'autre.

On est obligé d'aller à l'essentiel.

- Absolument ! Et j'ajouterais que la répétition aide à la concentration. Quand on marche, de la monotonie et de la répétition, va surgir le calme qui libère la pensée.

Rousseau disait ne pouvoir penser vraiment, composer, créer et s'inspirer, qu'en marchant.

- Et Nietzsche qui marchait huit heures par jour, disait qu'on écrit bien qu'avec ses pieds. Il ajoutait que les pieds "écoutent et dressent l'oreille"

Pour lui qui pensait en marchant et marchait en pensant, être "cul de plomb" est le vrai péché contre l'esprit.

- Mais je pense aussi que la lenteur de la marche est un rejet de la vitesse. Car on n'a rien trouvé de mieux que la marche pour aller plus lentement. Et marcher lentement permet de nouer des liens d'amitié avec des choses qui elles, ne marchent pas : les canes, les arbres, les nuages, les reliefs, les écureuils, les champignons, les oiseaux...

- Tu as raison ! Je crois qu'on devrait nommer les managers en leur posant une question : "Savez-vous marcher et aimez-vous marcher ?"

Celles et ceux qui l'emporteraient, diraient : "Oui, je sais marcher et j'aime marcher. Cela me permet de trouver l'équilibre parfait entre réflexion et action, entre prudence et audace"

- Oui, bien vu ! On se met pieds nus pour Gaïa ?

Matisse - La Conversation

Après des années de tâtonnements et d'échecs, c'est après une **conversation** avec un autre peintre que Matisse trouve enfin son style : oser de nouvelles formes et libérer la couleur.

Au Salon d'Automne de 1905, les couleurs pures, éclatantes et dominantes, posées en aplat sur ses toiles font scandale et on compare ces peintures à une "cage aux fauves"

"Matisse est un fruit de lumière éclatante" écrivait Guillaume Apollinaire.

La Conversation de 1938 est un **chef-d'œuvre** moderniste, qui unit les qualités du dessin et de la peinture de manière réfléchie, que probablement seul Matisse pouvait créer.

Bien que les visages des deux femmes aient pu être peints avec un pinceau et de la peinture, ils donnent l'impression d'une peinture transparente, comme une conversation douce et légère.

Pour accentuer davantage cet effet, Matisse rassemble les cheveux et le visage de chaque femme dans une seule zone et utilise la même couleur de chaise pour les deux.

Matisse dessine tous les **bords**, parfois avec des lignes blanches négatives et à d'autres moments avec des lignes grises fines comme un crayon.
La figure, la couleur, l'espace...

La femme à gauche s'éloigne dans une robe noire pure, tandis que sa compagne s'élance dans une robe violette, jaune et rouge.

Les yeux d'une femme regardent vers la gauche et l'autre vers la droite, ce qui ajoute à l'étendue de l'image.

Rêveuses et détendues, les deux semblent prises dans un moment de **bonheur**, illuminé par le soleil du Midi et par leur conversation.
"Nice, travail et joie" disait Henri Matisse...

*"Vite, voiturez-nous ici
les commodités de la conversation !"*

Molière et la pédanterie

- **M**aître de philosophie : Que voulez-vous apprendre ?*
- *Mr Jourdain* : Tout ce que je pourrai, car j'ai toutes les envies du monde d'être savant et de pouvoir **converser**.

- *Maître* : Ce sentiment est raisonnable "*Nam sine doctrina vita est quasi mortis imago*"
Vous entendez cela et savez le latin sans doute ?

- *Mr Jourdain* : Oui, mais faites comme si je ne le savais pas. Apprenons autre chose qui soit plus joli.

* Le Bourgeois Gentilhomme.

Voulez-vous apprendre la **morale** ?

- Mr Jourdain : Qu'est-ce qu'elle dit cette morale ?

- Maître : Elle traite de la félicité, enseigne aux hommes à modérer leurs passions et...

- Mr Jourdain : Non, laissons cela. Je suis bilieux comme tous les diables et il n'y a morale qui tienne. Je me veux mettre en colère tout mon soûl quand il m'en prend envie.

- Maître : Est-ce la **physique** que vous voulez apprendre ?

- Mr Jourdain : Qu'est-ce qu'elle chante cette physique ?

- Maître : La physique est celle qui explique les principes des choses naturelles, et les propriétés du corps, qui discourt de la nature des éléments, des métaux, des minéraux, des pierres, des plantes, et des animaux, et nous enseigne les causes de tous les météores, l'arc-en-ciel, les feux volants, les comètes, les éclairs, le tonnerre, la foudre, la pluie, la neige, la grêle, les vents, et les tourbillons.

- Mr Jourdain : Il y a trop de tintamarre là-dedans, trop de brouillamini.

- Maître : Que voulez-vous donc que je vous apprenne ?

- *Mr Jourdain* : Apprenez-moi **l'orthographe**. Après, vous m'apprendrez l'almanach, pour savoir quand il y a de la lune.

- *Maître* : Soit ! Pour bien suivre votre pensée, et traiter cette matière en philosophe, il faut commencer selon l'ordre des choses, par une exacte connaissance de la nature des lettres et de la différente manière de les prononcer, toutes.

Et là-dessus, j'ai à vous dire que les **lettres** sont divisées en voyelles, ainsi dites *voyelles*, parce qu'elles expriment les voix ; et en consonnes, ainsi appelées *consonnes*, parce qu'elles sonnent avec les voyelles, et ne font que marquer les diverses articulations des voix. Il y a cinq voyelles, ou voix, A, E, I, O, U.

- *Mr Jourdain* : J'entends tout cela.

- *Maître* : La voix A, se forme en ouvrant fort la bouche, A.... ; La voix E, se forme en rapprochant la mâchoire d'en bas de celle d'en haut, A, E...

- *Mr Jourdain* : A, E, A, E ; Ma foi oui. Ah que cela est **beau** ! Ah la belle chose, que de savoir quelque chose ! Ah que n'ai-je étudié plus tôt, pour savoir tout cela ! Je vais enfin pouvoir converser.

Montaigne : notre maître zen

- **D**'où viens-tu Michel ? Tu es tout crotté !
Tu étais à cheval ?*

- *MONTAIGNE* : Oui, le cul sur une selle, je me sens bien. J'ai chevauché six heures par les chemins depuis ma mairie de Bordeaux et j'ai fini en visitant mes vignes, car c'est bientôt la taille.

Mes pensées dorment si je les assieds. Mon esprit ne va pas seul, il faut que les jambes l'agitent et heureux qui joint la santé du **corps** à l'exercice de la **pensée**.

On ne peut bien penser qu'en mouvement.

Et pour moi, chevaucher allie mouvement et stabilité dans une assiette, un équilibre, favorable à la réflexion et à la méditation.

* Conversation imaginaire avec Montaigne.

Mais montons dans ma librairie* au troisième étage de la tour d'angle du château, j'ai des choses à te montrer. Attention ! L'escalier est étroit.

- Je vois des sentences en grec et en latin sur tes poutres. Ma préférée : "La vraie liberté, c'est de pouvoir toute chose sur soi"
- *MONTAIGNE* : Chacun court ailleurs et à l'avenir, d'autant que nul n'est arrivé à soi. Il ne faut pas trop abandonner de soi au reste du monde. Tout commence par la conscience et la maîtrise de soi.

- Tu as au moins mille livres ici. On dit que tu es un dévoreur de livres. C'est vrai ?
- *MONTAIGNE* : Oui, car pour bien fonctionner, mon esprit a besoin de lectures, de rencontres et de **conversations**. Mais je préfère feuilleter ou qu'on me lise les livres, je ne les étudie pas. Cela me rend plus mobile et plus disponible. Et je me sens plus à l'aise dans la mobilité et le changement.

- Au risque de te disperser ?
- *MONTAIGNE* : Non ! Car quand je danse, je danse. Quand je dors, je dors. Et même quand je me promène solitairement en un beau verger, si mes pensées se sont entretenues d'autre chose

* Sa bibliothèque à St-Michel-de-Montaigne, Dordogne, 1582.

quelque partie du temps, je les ramène à la promenade et au verger.

- Tu es notre maître zen Michel car tu as une joie communicative de penser, d'écrire, de converser, de vivre et qui, comme tous les sages, nous apprend à vivre au **présent**.

- *Montaigne* : La crainte, le désir, l'espérance nous élancent vers l'avenir et nous dérobent le sentiment et la considération de ce qui est.
Nous n'avons que trop tendance à rester toujours béants devant les choses futures.

- Ta sagesse et ta joie de vivre sont d'autant plus admirables que le sort est rude dans ta région.
La 8°guerre de religion, la plus longue et la plus terrible approche et la peste noire va tuer 14.000 personnes autour de chez toi en quatre mois.

- *Montaigne* : Sachons gré au sort de nous avoir fait vivre dans un siècle non mol, languissant ni oisif. D'autant faut-il tenir son courage fourni de provisions plus fortes et vigoureuses.
Car c'est chose **tendre** que la vie et aisée à troubler. Et notre grand et glorieux chef-d'œuvre, c'est vivre à propos.

- Tu as été élevé dans une culture et une langue latine mais tu as écrit Les Essais en français. Pourquoi ?

- *MONTAIGNE* : Parce que mes lectrices rêvées sont des **femmes** qui sont moins familières des langues anciennes que les hommes.

- Tu as écrit Les Essais pour des femmes ! Je comprends pourquoi tu as mis vingt ans à écrire le livre de ta vie.

- *MONTAIGNE* : J'ai mis vingt ans à écrire Les Essais car ils m'ont donné le contrôle de moi-même.

J'ai fait Les Essais et ils m'ont fait.

Surtout, j'ai un dictionnaire tout à part moi : Je passe le temps quand il est mauvais et incommode. Quand il est bon, je ne le veux pas passer, je le retâte, je l'allonge et je m'y tiens.

- Plus de 400 ans après Les Essais, on te lit et on te loue de plus en plus, cher Michel.

Ta **postérité** est incroyable !

Nietzsche qui t'a beaucoup lu, t'a rendu cet hommage unique : "Du fait qu'un tel homme a écrit, on a plus de plaisir à vivre sur Terre"

Il disait qu'en ta compagnie, il se sentait pousser une aile ou une jambe...

Les sept **péchés** capitaux

Que faut-il éviter dans une conversation qui risque de dénaturer cet exercice de l'esprit qui est le véritable but de la conversation ?

Et de gâcher ce **jeu social** "mêlé de bonté, de franchise, de gaité et d'amitié" (Montaigne)

Les sept péchés signent l'inverse de la bonne et belle conversation :

- *Péché de non-intérêt* : poser trop peu de bonnes questions qui intéressent vraiment les autres, ce qui revient à ne s'intéresser qu'à soi.
Maladie des temps modernes...

- *Péché de non-échange* : monologuer et garder la parole trop longtemps, avoir des échanges peu équilibrés, peu équitables, sans écoute et sans réciprocité.

- Péché de *lourdeur* : Converser avec lourdeur, quoi de plus lourd ?

Dire les choses trois fois, n'est-ce pas deux fois et demi de trop ? Converser avec lourdeur ? Le vrai péché mortel !

- *Péché de rigidité* : être trop sérieux, trop rationnel, trop appuyer son point de vue, vouloir trop démontrer, trop argumenter, manquer de souplesse et de légèreté.

- *Péché de controverse* : être *doctrineux*, entrer dans des controverses religieuses, politiques, écologiques... en confondant conversation et discussion.

- *Péché de voix et de gestes* : croire à "l'avantage de la voix et des poumons" (Montaigne), parler trop fort avec des gestes inadaptés, notamment bras croisés.

- *Péché de pédanterie* : attacher trop d'importance aux mots, avoir un langage particulier, snob, précieux, en refusant d'être surpris par d'autres mots que les siens.

"Et vous Cher ami", comme disait Dorante* : "Que pensez-vous de tout cela ?"

* Molière, Le Bourgeois Gentilhomme.

La conversation : lien social en **péril**

Je retrouve Anne que je n'ai pas vue depuis longtemps. Je me fais une joie de la revoir et de converser avec elle. Après quelques minutes, son portable sonne et comme piquée par une guêpe, elle sursaute, tire le portable de son sac, regarde le message et devient pensive.

J'ai l'impression de ne plus exister.

Je cherche les bonnes questions à lui poser, quand soudain elle reprend son portable pour chercher une information sur *Google*, puis me montre des photos d'amis de ses dernières vacances...

"Dans le monde actuel de l'hyperconnexion, la conversation qui demande de l'écoute et une attention à l'autre, devient de plus en plus **rare**. Elle est souvent rompue par des interlocuteurs toujours là physiquement, mais qui disparaissent soudain après l'audition d'une sonnerie de leur portable dans la quête d'un message quelconque qui rend secondaire la présence de l'autre"*

"Nous entrons dans une société fantomatique où, même dans les rues, les yeux sont baissés sur l'écran dans un geste d'adoration perpétuelle.
La plupart de nos contemporains sont aujourd'hui presque en permanence prosternés devant leur portable qui les pousse en avant ou les maintient dans une sorte **d'hypnose** sans fin. Ils parlent seuls, commentant souvent leurs faits et gestes"

"Avant les gens se parlaient à la table familiale, au travail lors des pauses, au restaurant, dans les cafés, les transports en commun, sur le chemin du travail ou du domicile. Aujourd'hui, le portable en main, chacun, autour de la table ou en marchant avec les autres, consulte ses mails ou envoie un SMS, en distribuant les miettes de quelques mots de temps en temps. Dans beaucoup de familles, les repas deviennent des assemblées de **zombies**"

Je regarde Zombie-Anne, j'ai "*O.K. Corral*" en tête et je me dis : Portable et connexion vont-ils finir par **tuer** ce lien social qu'est la conversation ?

* David Le Breton, Le Monde 2022.

Pestes de la conversation

"Certaines personnes écoutent mais n'entendent pas. Elles ne suivent que leurs propres idées"

"Il y en a qui sont au milieu de la société à l'état de monologue incessant, de l'esprit et de la parole. Ce sont les pestes de la conversation"*

Ces pestes de la conversation sont souvent des personnalités **narcissiques**, convaincues d'être supérieures aux autres et de mériter le meilleur.

L'autre n'existe que comme faire-valoir, comme adversaire ou comme obstacle.

Ils font beaucoup d'efforts pour montrer qu'ils ne sont pas n'importe qui et cherchent par tous les moyens à capter l'attention.

* Charles Dollfus, De la Nature humaine.

Le coupeur de parole, le rabat-joie, le "je-sais-tout", le donneur de conseils, le "pousse-toi-que j'm'y-mette", le moraliste, le bavard, le sermonneur... font partie de cette grande et très ancienne famille.

Ce sont des assassins, des criminels, des tueurs en série de conversations.

Autour d'une table, c'est un désastre assuré.

Alors si l'on est obligé d'inviter une petite ou une grande peste de la conversation, on prendra des **précautions**.

Les hôtes et les invités se tiendront prêts à gérer les excès de paroles et à interrompre la peste, sans aucune gêne ni état d'âme.

Puis à réorienter la conversation.

Et on sourira tous intérieurement en pensant "gros klaxon, petit moteur... non hybride"

Petite conversation

C'est la conversation d'escalier, d'ascenseur, de machine à café, de voisinage, de bistrot, d'apéro, de pluie et de beau temps, de tout et de rien...
Autrefois on disait "papoter" ou "faire causette"
C'était simple mais au moins on se parlait.
Il ne faut pas sous-estimer ou se moquer de la petite conversation car les conversations commencent et finissent le plus souvent par elle.
Surtout la petite conversation permet de maintenir un minimum de **lien social**.
Avec les enfants, les conversations se font *sous l'apparence* de la petite conversation.

Et pour ceux qui ne sont pas très à l'aise dans la conversation, c'est en apprivoisant la petite conversation, qu'ils se **prépareront** à être de bons conversants, en osant "entrer en conversation"

La petite conversation "*small talk*" comme on dit souvent, permet aussi de réfléchir aux petites idioties que l'on dit sans réfléchir :
"*Que deviens-tu ?*" (ai-je l'impression de devenir quelqu'un d'autre ? qui ? depuis quand ?...)
"*Quoi de neuf ?*" (neuf ou recyclé ? depuis quand ? et s'il n'y a rien de neuf ?...)

Poèmes et chansons

"Lorsqu'il n'y a plus d'esprit dans une conversation, dites un poème" conseillait Victor Hugo.

Car un poème permet de relever avec grâce une conversation plate et ennuyeuse ou d'alléger une conversation trop vive, en train de se transformer en discussion.
Un poème permet aussi de se **décentrer** de soi, de cesser de tout ramener à soi, sans vraiment écouter les autres, qui est le grand défaut des petits conversants.

Suivons le sage conseil de Hugo et gardons en tête quelques poèmes, même si on ne les utilise pas. Par exemple :

- De Clément Marot (1530) :

Dedans Paris ville jolie
Un jour passant mélancolie
Je pris alliance nouvelle
À la plus gaie demoiselle
Qui soit d'ici en Italie.

- De Victor Hugo (1850) :

Elle était déchaussée, elle était décoiffée,
Assise, les pieds nus, parmi les joncs penchants.
Moi qui passais par-là, je crus voir une fée
Et je lui dis : Veux-tu t'en venir dans les champs ?

Elle me regarda de ce regard suprême
Qui reste à la beauté quand nous en triomphons.
Et je lui dis : Veux-tu, c'est le mois où l'on aime,
Veux-tu nous en aller sous les arbres profonds ?

Elle essuya ses pieds à l'herbe de la rive,
Elle me regarda pour la seconde fois.
Et la belle folâtre alors devint pensive.
Oh ! comme les oiseaux chantaient au fond des bois !

Comme l'eau caressait doucement le rivage !
Je vis venir à moi, dans les grands roseaux verts,
La belle fille heureuse, effarée et sauvage,
Ses cheveux dans les yeux, et riant au travers.

Mais pour colorer une conversation, on peut aussi
chanter "La tendresse" avec Bourvil (1963) :

On peut vivre sans richesse, presque sans le sou
Des seigneurs et des princesses, y'en n'a plus beaucoup,
Mais vivre sans tendresse, on ne le pourrait pas
Non, non, non, non, on ne le pourrait pas.

On peut vivre sans la gloire qui ne prouve rien
Être inconnu dans l'histoire et s'en trouver bien,
Mais vivre sans tendresse il n'en est pas question
Non, non, non, non, il n'en est pas question.

Quelle douce faiblesse, quel joli sentiment,
Ce besoin de tendresse qui nous vient en naissant,
Vraiment, vraiment, vraiment...

Le travail est nécessaire mais s'il faut rester
Des semaines sans rien faire, eh bien on s'y fait,
Mais vivre sans tendresse, le temps vous paraît long
Long, long, long, long le temps vous parait long.

Dans le feu de la jeunesse, naissent les plaisirs
Et l'amour fait des prouesses pour nous éblouir,
Oui mais sans la tendresse, l'amour ne serait rien
Non, non, non, non, L'amour ne serait rien.

Un enfant vous embrasse, parce qu'on le rend heureux,
Tous nos chagrins s'effacent, on a les larmes aux yeux,
Mon Dieu, mon Dieu, mon Dieu...

Dans votre immense sagesse, immense ferveur
Faites donc pleuvoir sans cesse au fond de nos cœurs
Des torrents de tendresse, pour que règne l'amour
Règne l'amour jusqu'à la fin des jours.

*"On doit être reconnaissant
envers les gens avec qui on peut causer"*
Gustave Flaubert.

Pouvoir extraordinaire de la conversation

Dans une vraie conversation, une conversation réussie, on pose des questions sur ce qui intéresse vraiment les autres, on a des échanges équilibrés de mots et de paroles, le tout dans la décontraction et la légèreté.

En faisant cela, on donne du plaisir aux autres à parler d'eux-mêmes. Et après une conversation réussie, on a envie de **se revoir**, pour mieux se connaître et approfondir ce que l'on a échangé.

Voilà le pouvoir extraordinaire des vraies conversations, des conversations réussies, qui peut être un atout formidable pour les jeunes.

Cela est d'autant plus vrai que la bonne conversation se meurt et devient de plus en plus rare.

Un vrai désert !

Les gens perdent l'habitude de converser et avec l'aides des réseaux sociaux, s'enferment dans leurs convictions, en refusant de les confronter et de les partager avec d'autres.

Mais attention au **piège** : Après une conversation, on connait mieux l'autre et si on le reconnait "monologueur", "suffisant", "connait tout", "narcissique", "n'écoute pas...", "coupe la parole", on dira : "Je n'arrive pas à converser avec lui, je ne l'apprécie pas, je n'ai pas envie de le revoir."

La conversation a un pouvoir extraordinaire, insoupçonné, pour le meilleur et pour le pire.

Voilà aussi pourquoi, on doit mettre fin ou réorienter le plus tôt possible une mauvaise conversation, une conversation ratée, qui risque de laisser des traces.

Proust et les anecdotes

"Marcel Proust était un "conversationniste" d'exception. Spirituels, charmeurs, légers, ses mots parlés faisaient partie intégrante de son arsenal de séduction massive"*

Quand il conversait, Proust avait une préférence pour les registres **légers**. Par goût de la légèreté ? Nullement !

C'était un hypersensible. Il ne pouvait pas s'approcher des fleurs qui lui déclenchaient des crises d'asthme. Il s'abritait derrière les vitres fermées d'une voiture pour observer de près les

* Fabrice Midal, Suis-je hypersensible ?

aubépines de la vallée de Chevreuse, auxquelles il consacre la plus émouvante des descriptions.

"Les conversations sérieuses disait-il, sont faites pour les gens qui n'ont pas de vie spirituelle. Les gens qui ont une vie spirituelle ont au contraire besoin, quand ils sortent d'eux-mêmes d'une vie plus légère et plus frivole"

Dans *À la Recherche du temps perdu*, les beaux parleurs sans légèreté, font toujours pitié à un moment ou à un autre.

Surtout, Proust aimait raconter des **anecdotes** dans ses conversations, ce qui les rendait inoubliables. Il savait qu'une anecdote bien choisie, courte, légère et drôle, permet de colorer et de vivifier une conversation. Comme celle-ci, rapportée par son ami Jean Cocteau :

Proust avait l'habitude d'aller au Ritz. Quand il sortait du palace, il distribuait les pourboires. Un jour où il ne lui restait plus rien en poche, il dit au concierge : "Pouvez-vous me prêter 50 francs ?" "Bien entendu Monsieur Proust, les voilà" et Proust répond : "Gardez-les, c'était pour vous"

QUEL ou la règle d'or

Imaginez que l'on vous dise un jour : "Quel bonheur de converser avec vous !"

Voilà un bon moyen de retenir la règle d'or des conversations réussies :
QU pour questions,
E pour échanges équitables,
L pour légèreté.

☞ Poser des **questions** montre que l'on est intéressé par les autres. Et qui a-t-il de mieux que de bonnes questions, pour encourager les autres à parler ?

Voilà pourquoi les bonnes questions ont une force irrésistible surtout en début de conversation.
Mais la plupart des gens oublient cela ou ne savent pas poser les bonnes questions, qui doivent être, plutôt que des questions *fermées* ("Aimez-vous le

Québec ?") des questions *ouvertes*, plus stimulantes comme :
"Qu'aimez-vous *le plus* au Québec ?"

☞ Être dans les **échanges équitables**, en équilibrant les temps de parole.

Montaigne disait que dans une conversation, la parole est moitié à celui qui parle, moitié à celui qui écoute.

Quand on est deux, parler la moitié du temps, quand on est trois parler le tiers du temps, quand on est quatre, parler le quart du temps...

Dit autrement : Ne pas se mettre en avant et parler au-delà de ce qui est requis pour une conversation réussie.

☞ Mettre de la **légèreté** et fuir la gravité qui était pour Montesquieu : "Le bonheur des imbéciles et le bouclier des sots"

La légèreté installe une bonne distance avec ses interlocuteurs et permet d'aborder avec souplesse des sujets qui fâchent comme la politique, la religion, l'écologie, la chasse...

En plus d'être, comme un guide de haute montagne, un guide expert de conversation, le "QUEL" a deux autres avantages.

Il permet de se préparer à une conversation (Ai-je bien mon "QUEL" en tête ?)

Et aussi de **progresser** dans ses conversations, puisque l'on pourra évaluer son "QUEL" en se donnant une note "0-5" après chaque conversation sur les trois critères :

- Ai-je été habile ou maladroit sur les questions ?
- Ai-je été habile ou maladroit sur les échanges équitables ?
- Ai-je été habile ou maladroit sur la légèreté ?

En somme, ai-je été une étoile scintillante "555" ou un trou noir "000" ?
(Trou noir : corps céleste si dense que son champ gravitationnel ramène tout à lui, y compris la lumière qui ne peut s'en échapper...)

Et que faut-il changer, pour améliorer mes prochaines conversations ?

Questions : les portes du paradis

L'art de converser commence par l'art de poser de bonnes questions, parce que de bonnes questions permettent d'être *écoutés* et avec un peu de chance, d'être *compris* et *reconnus*, ce que nous souhaitons tous.

Et nous trouverons évidemment "intéressante" la personne qui va nous en donner l'occasion.

Peu de gens savent poser de bonnes questions, soit parce que les autres ne les intéressent pas vraiment, soit parce qu'ils n'osent pas, soit parce qu'ils n'ont pas compris l'importance des questions, soit parce qu'ils ont peur de s'engager dans l'inconnu de réponses qu'ils ne peuvent pas anticiper, ou encore parce qu'ils ne savent pas très bien comment faire.

Voici comment **ouvrir** les portes du paradis.

☞ Pour franchir le pas et oser poser des questions, se souvenir que plus les gens sont intelligents, plus en général, ils posent des questions. De quelle tribu suis-je donc : les intelligents ou les autres ?

☞ Il s'agit avant tout de s'intéresser **à la vie** de nos interlocuteurs, même si le prétexte en est le dernier film qu'ils ont vu.

☞ Il faut poser des questions stimulantes qui **facilitent** la réponse comme :
"Qu'aimez-vous *le plus* à l'île Maurice ?", plutôt que "Connaissez-vous l'île Maurice ?"
"Quel est le côté *favori* de votre métier ?" plutôt que "Aimez-vous votre métier ?"
"Qu'as-tu *préféré* faire à l'école aujourd'hui ?" plutôt que "Qu'as-tu fait aujourd'hui à l'école ?"....
"Quel est *le meilleur* roman que tu as lu cette année ?"...

☞ Il convient aussi de **suggérer** et d'encourager les questions que l'on souhaite voir poser, comme savait si bien le faire "le roi" Talleyrand.
Une façon directe et stimulante étant :
"Et si nous parlions chacun de nos passions ?"

☞ Et pendant la réponse, penser à **reformuler** ce qui est dit, plutôt qu'à une autre question qu'on a très envie de poser.

Reformuler : la force du "Oui..."

La reformulation ("si j'ai bien compris..." "donc à ton avis..."), compte beaucoup dans une conversation.

Elle **valorise** l'interlocuteur et les idées qu'il développe en lui montrant qu'on l'écoute et qu'on fait l'effort de le comprendre.

Elle permet de **vérifier** que l'on a bien compris ce qui a été dit.

Elle aide les autres à **préciser** leurs pensées et leurs sentiments, en leur offrant la possibilité de rectifier ou de nuancer leurs propos.

Au fond, elle permet à mes interlocuteurs de *prendre confiance en moi.*

La reformulation permet aussi de bien **rythmer** une conversation en permettant de la ralentir ou de l'accélérer, comme une pédale de frein ou d'accélérateur.

"Pour te résumer..."
"Ainsi selon vous... ?"
"Tu penses que..., c'est ça ?"
"Vous voulez dire que..."
"En d'autres termes..."
"Si j'ai bien compris..."
"En somme..."

Surtout on validera par :
"*Oui et...*" ; "*Oui mais...*" ; "*Oui mais encore...*" chaque réponse et chaque proposition :

"Oui ! Trois fois oui !...
"Oui ! Et pourtant on peut dire que..."
"Oui ! C'est vrai, mais en même temps j'ai lu que..."
"Oui ! Tu as raison, mais on peut dire aussi que..."

En utilisant le "Oui...", on rend les échanges plus spontanés, plus profonds et plus harmonieux.

Le "Oui..." a une **force** étonnante, insoupçonnée, qu'il faut absolument utiliser quand on veut réussir une conversation.

Converser avec **soi**

"Qu'il fasse beau, qu'il fasse laid, c'est mon habitude d'aller sur les cinq heures du soir me promener au Palais-Royal. C'est moi qu'on voit, toujours seul, rêvant sur le banc d'Argenson"*

"Je m'entretiens avec moi-même de politique, d'amour, de goût ou de philosophie. J'abandonne mon esprit à tout libertinage. Je le laisse maître de suivre la première idée sage ou folle qui se présente. Je m'amuse à me donner tort ou raison et à être en joyeux désaccord avec moi-même"

* Diderot, Le neveu de Rameau.

Diderot qui fut philosophe, traducteur, romancier, dramaturge, critique d'art, encyclopédiste... et pour qui la pensée est déambulation et **échange**, nous suggère qu'on peut converser avec soi.

Dans son conte, Lewis Carroll présente aussi Alice en constante conversation avec elle-même : Elle se réprimande, se congratule, se donne des leçons, car "cette singulière enfant prenait plaisir à faire semblant d'être deux personnes"

Avantages de converser avec moi-même : Je ne suis jamais seul, je m'habitue à échanger et je peux même m'habituer à être contredit.
Surtout je peux choisir mon **double** avec qui converser : mon double optimiste ou pessimiste, sage ou fou, poète ou musicien, de gauche ou de droite, louangeur ou critique envers moi, gourmand ou sobre, égoïste ou généreux...

Comme dans le film *Seul au monde* où Tom Hanks, naufragé à 500 milles des îles Cook (Polynésie occidentale), parle et demande conseil à son double, son ballon de volley qu'il a maquillé et baptisé Wilson, ce qui va lui permettre de tenir quatre ans jusqu'à sa délivrance.

Et comme *Harvey* cette comédie fantastique dans laquelle Elwood le personnage principal, invente un immense lapin blanc qui converse avec lui, l'aide à sortir de la monotonie et le rend optimiste.

Ou encore mon coach imaginaire qui me rappelle souvent à l'ordre : "As-tu fait tes exercices physiques et tes gammes de musique ? Comment ça s'est passé ? As-tu progressé ?"
On peut même imaginer converser avec son corps "Je vais bien et toi ?" ; "Comment te sens-tu en ce moment ?" ; "Et ce dos, ce genou, ce bras... ?"

Comme l'a écrit Paul Valéry : Rendre la conversation avec soi-même amusante, instructive, imprévue, c'est se faire penseur.

Surtout, converser avec soi est **l'antidote** contre la tentation de moraliser les autres en les exhortant à faire ou à pas faire, en les influençant, en les avertissant, en les conseillant, en les sermonnant, péchés mortels de la conversation.

Pour converser avec soi, le mieux est de partir comme Diderot, de **thèmes** dans lesquels on est à l'aise : jardinage, politique, sports, littérature, musique, opéra, wokisme, sexe des papillons...

"Ils étaient étonnés de l'étrange fruit que portait leur conversation car ils ne dirigeaient pas leurs pensées comme le font tant de gens"
John Steinbeck, Les pâturages du ciel.

"La jouissance de la conversation n'est-elle pas de mêler les genres, de réveiller des mots endormis ?"
Sylvain Tesson, L'énergie vagabonde.

Sujet de conversation

Avoir un sujet de conversation ne s'impose pas et peut même être gênant.

Car le propre d'une conversation ("objet volant non identifié" disent ceux qui regardent le ciel) est de comporter une part d'imprévisible, d'emprunter des chemins de traverse, de faire des **pas de côté**, auxquels personne n'avait pensé au début de la conversation.

Montaigne illustre bien cela en disant qu'une conversation doit se faire "à sauts et à gambades" et qu'il faut se risquer à "ce parler oblique" qu'est une vraie conversation.

Socrate déjà souhaitait orienter la conversation vers **l'esprit** qui converse plutôt que vers un sujet de conversation.

Dans une conversation, on doit donc être sur la *manière* de dire, plutôt que sur la *matière* et le sujet d'une conversation importe moins que **l'attention** aux autres et **l'interaction** douce et stimulante les uns avec les autres.

Comme l'écrivait ce génie de la conversation qu'était Madame de Staël :
"Le genre de bien-être que fait éprouver une belle conversation, ne consiste pas précisément dans le sujet de cette conversation"

"Ni les idées, ni les connaissances qu'on peut y développer n'en sont le principal intérêt"

"C'est une certaine manière d'agir les uns avec les autres, de se faire plaisir réciproquement et avec rapidité, de parler aussitôt qu'on pense, de jouir à l'instant de soi-même, d'être applaudi sans travail, de manifester son esprit dans toutes les nuances par l'accent, le geste, le regard"

"Afin de produire à volonté comme une sorte d'électricité qui fait jaillir des étincelles, soulage les uns de l'excès même de leur vivacité et réveille les autres d'une apathie pénible"

"Le plaisir de la table n'admet que gens de bonne humeur et ne souffre pas qu'on soit plus de huit personnes" Gabriel Girard, 1736.

À **table**

La conversation doit se goûter comme un plat exquis. Car c'est bien souvent à table que la conversation s'engage et que s'éprouve le lien social dont elle est porteuse.

Voltaire aimait associer les plaisirs de la table à ceux de la conversation qu'il considérait avec le théâtre, comme l'une des formes les plus abouties de la **civilisation**.

À table, la qualité de la conversation sera considérée comme aussi importante que celle du champagne et des vins qui seront servis.

"Quand on boit du champagne, on n'est pas enclin à traiter de matières graves, ni d'affaires, ni de politique. On est plutôt poussé vers la frivolité, une philosophie souriante, la bagatelle"

"On choisit des thèmes de même nature que le champagne et on privilégie la légèreté et l'effervescence"

"L'esprit mousse et pétille. Les mots sont des bulles, la conversation **s'envole**. Moments exquis"*

Et parler de robes, d'arômes, de bulles, de températures à laquelle on doit servir vin et champagne, est une excellente entrée en conversation.

Pour que l'interaction entre tous les convives soit la meilleure possible (ce qui est la clé des conversations réussies), on prendra quelques précautions.

- Pas plus de huit convives car les trop grandes tables en favorisant les apartés, peuvent affaiblir et même tuer la conversation.

- Les (vrais) meilleurs conversants seront placés au milieu et en bout de table, places idéales pour lancer et orienter la conversation.

* Bernard Pivot, Dictionnaire amoureux du vin.

- On évitera de parler de politique, de religion, d'écologie, de chasse… sujets sensibles et, le champagne et le vin aidant, trop inflammables.

- Les hôtes seront les *gardiens du phare* et veilleront à ce que tout le monde participe.
Ils se tiendront prêts sans état d'âme, à stopper un monologue, à réorienter une conversation qui vire à la discussion, à freiner un aparté entre deux convives ou à revivifier une conversation qui fait bailler…

En osant pour cela faire un **pas de côté** : "Et toi Marie, quelle est la plus belle expo que tu as vue récemment ?"

Et en se souvenant qu'une peste de la conversation peut rendre détestable le repas le plus fin qui soit.

"C'est un fort méchant plat que sa sotte personne,
*Et qui gâte, à mon goût, tous les repas qu'il donne"**

* Molière, Le Misanthrope.

Talleyrand : roi de la conversation

"**V**oyez-vous, on prend son verre au creux de sa main, on le réchauffe, on l'agite en lui donnant une impulsion circulaire, afin que la liqueur dégage son parfum"

"Alors, on la porte à ses narines, on la respire..."

"Et puis, Monseigneur ? "

"Et puis, Monsieur, on pose son verre et on en parle"

"Je ne tire qu'à coup sûr, je laisse passer mille choses auxquelles je pourrais faire des répliques ordinaires, je choisis toujours mon terrain et je **suggère** les questions que j'attends"

"Suggérer les questions ? Que voulez-vous dire Monseigneur ?"

"Monsieur, si je vous dis dans une conversation, que je préfère certaines variétés de cognac, quelle question allez-vous me poser ?"
"Je vais vous demander, Monseigneur, quelles variétés de cognac vous préférez"

"Exactement, Monsieur ! L'art de la conversation est encore plus grand quand on **suggère** les questions que l'on attend"

Talleyrand incarnait le panache français, le brio, l'intelligence la plus mordante. Il excellait dans l'art de plaire sans jamais se rabaisser.
En gardant le "*bon maintien*" : pas d'émotion forte, mais de la **bienveillance** et de l'écoute. "Vous êtes le roi de la conversation", lui disait Napoléon.

Ses succès étaient dus par-delà le raffinement de sa table à sa conversation, à sa culture et bien sûr à son esprit.

"Le secret de plaire dans le monde, est de se laisser apprendre des choses que l'on connait par des gens qui ne les savent pas"
"Le fromage de Brie est le roi des fromages. C'est la seule royauté à laquelle je sois resté fidèle"*

* Talleyrand a servi 9 régimes, vécu 3 sacres, prêté 13 serments...

Tartelette "Conversation"

Une "Conversation" est une tartelette en pâte feuilletée garnie aux deux tiers d'une frangipane parfumée au rhum ou d'une crème pâtissière aux amandes, puis recouverte d'une seconde abaisse de feuilletage et enfin d'une couche de glace royale.

Le dessus est décoré de minces bandelettes en rognures de feuilletage disposées en croisillons.

On en attribue l'origine à une **tarte** inventée lors de la sortie du livre de Louise d'Epinay "Les conversations d'Émilie" (1774), écrit en vue de l'éducation de sa petite-fille et préconisant une démarche pédagogique naturelle.

Rousseau la présente ainsi dans ses *Confessions* :

"Louise était aimable, avait de l'esprit, des talents, de la **conversation**"

"La nature lui avait donné, avec un tempérament très exigeant, des qualités excellentes pour en régler ou racheter les écarts"

La tartelette "Conversation" revient à la mode chez de grands pâtissiers, à l'exemple d'un des grands chefs actuels, Philippe Conticcini.

Le plus, c'est l'ajout par Conticcini d'un confit de citron. Cela donne une touche d'acidité et de fraîcheur, qui donne l'impression **d'alléger** l'ensemble.

Comme dans une belle et vraie conversation.

Allons !
Tous en cuisine pour nos "Conversations" !
Pensons au confit de citron et n'oublions surtout pas le rhum !

Vive les **toasts** !

   P̲orter un toast à une personne ou à un groupe est un moment **magique**.

"Louis(e), je lève mon verre à toi, qui nous inspires par ta sagesse, ta bienveillance, ton énergie"

"Bon anniversaire ! Nous sommes contents d'être près de toi aujourd'hui ; Nous sommes fiers de toi"

"Chers amis, levons nos verres à nos hôtes et à nos retrouvailles qui nous font tant de bien"...

Un toast est une **célébration** d'une personne ou d'un groupe, de ses qualités, de ses réalisations et de la place qu'elle occupe dans nos vies. C'est une tradition qui remonte à l'antiquité. Pensons aux ovations faites aux héros lors des banquets.

C'est un moment **d'émotion** et une invitation à renforcer les liens qui nous unissent.

C'est un instant partagé, un geste motivé par la reconnaissance, la gratitude, la bienveillance, qui va faciliter et **encourager** la conversation.

Un toast permet aussi de rehausser une conversation trop plate, de stopper un aparté entre deux convives ou un monologue ennuyeux.

Mais on pense rarement à porter des toasts, soit parce qu'on pas compris leur importance, soit parce qu'on ne sait pas trop comment faire, soit parce qu'on n'ose pas. Il faut se **préparer** et s'entraîner à porter des toasts. Et mieux vaut un toast simple en une phrase que pas de toast.
Le principal étant d'y mettre de l'émotion.

Voici comment André Maurois explique et honore le toast : *
Le maître de maison frappe deux coups secs sur son verre : "Mes chers amis... "
C'est un petit discours solennel, humoristique et charmant. Puis commence la série des *skol*, comme on dit dans les pays nordiques.

Faire *skol* c'est appeler par son nom un des convives (Nils, Elsa, Gustave, Carl...), le regarder

* André Maurois, La Conversation.

avec une attention tendre et soutenue, soulever son verre à la hauteur du troisième bouton de la tunique, boire en gardant fidèlement ses **yeux** dans ses yeux. Et enfin replacer le verre en assénant un dernier regard qu'il faut colorer, si l'on peut, d'une nuance suprême d'émotion.

Faire *skol* cela veut dire : "Nils, je pense à toi... Nous communions ainsi mieux qu'en paroles...
Toi et moi nous nous comprenons...
Nils, il est doux de boire ensemble..."

C'est un toast, mais c'est beaucoup plus qu'un simple toast.
Il faut que les deux *skoleurs* boivent le même vin.
Le supérieur doit le premier faire *skol* à l'inférieur.
Personne ne fait *skol* à la maîtresse de maison, qui elle, au contraire, le fait à tout le monde.

Oui, c'est tout autre chose qu'un simple toast, c'est un toast psychologique, deux âmes qui trinquent, deux **cœurs** qu'arrose une même liqueur.

"N'est-ce pas, dis-je à mon voisin, c'est cela ? J'interprète bien ce que vous, Suédois, vous pensez quand vous faites *skol* ?"
"Mais non", dit mon voisin, cynique.
"Moi, je pense tout simplement que j'ai soif..."

Univers et conversation savante

– "Thuan, vous êtes un astrophysicien émérite, découvreur de la plus jeune galaxie connue à ce jour"*

– Jean, j'ai toujours senti chez vous un grand intérêt pour l'Univers. Vos questions ressemblent beaucoup aux miennes.
Est-ce que l'Univers a un sens ? Sommes-nous gouvernés par la nécessité ou le hasard ?

Peu de livres m'ont **ébloui** et bouleversé comme "La mélodie secrète" que vous avez écrite en 1988. Votre livre a eu une influence énorme sur moi. Je dirais que vous faites de la cosmologie "avec

* Conversation entre Xuan Thuan et Jean d'Ormesson.

poignées", c'est-à-dire que n'importe quel bachelier peut comprendre vos livres.

– *Thuan* : Ce que j'apprécie chez vous, Jean, c'est que même si vous n'êtes pas astrophysicien, vous comprenez très bien les grands développements de la cosmologie moderne et vous en tirez les principales conséquences, métaphysiques et philosophiques.

– *Jean* : Oscar Wilde disait que "Nous sommes tous dans le caniveau, mais quelques-uns d'entre nous regardent les **étoiles**"

– *Thuan* : J'aime beaucoup votre amour de la vie et votre espérance. Bien sûr, on peut avec les mêmes éléments que l'on a aujourd'hui, avoir une pensée complètement différente.
Jacques Monod, dans "Le hasard et la nécessité" concluait que l'âme a émergé par hasard dans un Univers qui lui est complètement indifférent.

– *Jean* : Je pense que la cosmologie moderne a réenchanté le monde, parce qu'elle a redécouvert l'ancienne alliance entre l'homme et le cosmos.
Depuis 1957, nous savons que nous sommes tous des poussières d'étoiles et que tous les éléments stables, excepté l'hydrogène et l'hélium, sont nés

des étoiles et des supernovas. Toute la complexité et la beauté du monde dépendent de ces étoiles.

– Thuan : L'homme a été rapetissé au fur et à mesure des découvertes. On pensait qu'il était au centre, jusqu'à ce que Copernic relègue la Terre au rang de simple planète.

Puis on a considéré que le soleil était au centre de la Voie lactée, alors qu'il n'est qu'une sorte de banlieue dans une Voie lactée qui comprend 100 milliards de soleils.

– Jean : Exactement. Mais tout de même, nous qui ne sommes rien, avons quand même fait des choses extraordinaires.

Avoir pu reconstituer le passé non seulement de l'homme et de la vie, mais de l'Univers sur 14 milliards d'années, c'est inouï !

L'homme n'est presque rien, mais en même temps il y a quelque chose de divin en lui.

Et dans ce grand dilemme entre le **hasard** et la **nécessité**, nous penchons tous les deux pour la nécessité, n'est-ce pas ?

– Thuan : Oui, c'est un pari pascalien, mais je parie comme vous, non sur le hasard, mais sur la nécessité.

– *Jean* : Avec Sartre, on a beaucoup vécu dans l'idée que l'homme était entièrement libre. Mais est-il si libre que ça ?

Il appartient d'abord à un espace.

L'espace est la forme de notre puissance, mais le temps est la forme de notre impuissance.

Notre liberté est donc très restreinte.

– *Thuan* : Jean, vous êtes un académicien rieur qui, après le soleil, les bains de mer, les femmes, les chaussures italiennes et... Chateaubriand, s'est découvert sur le tard une vocation de détective cosmique.

Un **Maigret** intergalactique, voltigeant d'étoile en étoile et de conversation en conversation...

Boris **Vian** et le boogie-woogie

- **C**olin : Prendras-tu un apéritif ? Mon piano-cocktail est terminé, tu pourrais l'essayer.*
- *Chick* : Il marche ?
- *Colin* : Parfaitement ! J'ai eu du mal à le mettre au point, mais le résultat dépasse mes espérances.

- *Chick* : Comment t'est venue l'idée ?
- *Colin* : Au cours d'une conversation à la **Nouvelle Orléans** entre un célèbre trompettiste de jazz (moi), un pianiste de boogie-woogie et un barman de haute volée.
- *Chick* : Quel est le principe ?

* D'après Boris Vian, L'écume des jours.

- *Colin* : À chaque note, je fais correspondre un alcool, une liqueur ou un aromate.

La pédale forte correspond à **l'œuf battu** et la pédale faible à la **glace**.

Pour l'eau pétillante, il faut un trille dans l'aigu. Les quantités sont en raison directe de la durée : À la quadruple croche équivaut le seizième d'unité, à la noire l'unité, à la ronde la quadruple unité.

Lorsque l'on joue un air lent, un système de registre est mis en action pour que la dose ne soit pas augmentée, ce qui donnerait un cocktail trop fort.

Et suivant la durée de l'air, on peut si l'on veut, faire varier la valeur de l'unité, la réduisant par exemple au centième pour pouvoir obtenir une boisson tenant compte de toutes les **harmonies**, au moyen d'un réglage latéral.

- *Chick* : C'est un peu compliqué...

- *Colin* : Le tout est commandé par des contacts électriques et des relais. Je te passe les détails.

- *Chick* : C'est merveilleux !

- *Colin* : Il n'y a qu'une chose gênante, c'est la pédale forte pour l'œuf battu. J'ai dû mettre un système d'enclenchement spécial, parce que lorsque l'on joue un morceau de jazz trop *hot*, il tombe des morceaux **d'omelette** dans le cocktail et c'est dur à avaler. Je vais modifier cela.

Actuellement, il suffit de faire attention. Pour la crème fraîche, c'est le **Sol** grave.

- Chick : Je vais me faire un cocktail sur "*Blueberry hill*", ça va être terrible.

- Colin : Viens, on y va ! Je vais régler le piano pour deux **cocktails** de vingt centilitres pour commencer.
À la fin de l'air, une partie du panneau de devant va se rabattre et deux verres vont apparaitre.
Allez mets-toi au piano !
- Chick : Si je fais une fausse note, le piano-cocktail va tenir compte de l'harmonie n'est-ce pas ?

- Colin : Non ! Ce serait trop compliqué. Je suis génial mais pas à ce point.
Allons, attendons nos cocktails.

Ensuite nous passerons à table et nous aurons une grande conversation sur le jazz et le boogie-woogie.
Quel est ton pianiste de boogie-woogie préféré ?

Voltaire ou l'ironie moqueuse

- *L'empereur* : Mais votre Dieu, quel est-il ? Dites-moi un peu de ses nouvelles.*

- *Frère Rigolet* : Notre Dieu naquit dans une écurie, il y a quelque dix-sept cent vingt-trois ans, entre un bœuf et un âne. Et trois rois, qui étaient apparemment de votre pays, conduits par une étoile nouvelle, vinrent au plus vite l'adorer dans sa **mangeoire**.

- *L'empereur* : Frère Rigolet, si j'avais été là, je n'aurais pas manqué de faire le quatrième.

* Voltaire, Bannissement des jésuites de la Chine, 1768.

- Frère Rigolet : Je le crois bien, sire. Mais si vous êtes curieux de faire un petit voyage, il ne tiendra qu'à vous de voir sa mère.

Elle demeure ici dans ce petit coin que vous voyez sur le bord de la mer Adriatique, dans la même maison où elle accoucha de Dieu.

Cette maison, à la vérité, n'était pas d'abord dans cet endroit-là, mais, au bout de treize cent ans, les esprits célestes la transportèrent où vous la voyez. La mère de Dieu n'y est pas à la vérité en chair et en os, mais en bois.

C'est une statue que quelques-uns de nos frères pensent avoir été faite par le Dieu son fils, qui était un très bon **charpentier**.

- L'empereur : Un Dieu charpentier ! Un Dieu né d'une femme ! Tout ce que vous me dites, frère Rigolet est admirable.

- Frère Rigolet : Oh ! sire, elle n'était point femme, elle était fille. Il est vrai qu'elle était mariée, et qu'elle avait eu deux autres enfants, mais elle n'en était pas moins pucelle.

- L'empereur : Quoi ! elle était pucelle, et elle avait des enfants !

- Frère Rigolet : Vraiment oui. C'est là le bon de l'affaire. Ce fut Dieu qui fit un enfant à cette fille.

- L'empereur : Je ne vous entends point. Vous me disiez tout à l'heure qu'elle était la mère de Dieu. Dieu coucha donc avec sa mère pour naître ensuite d'elle ?

- Frère Rigolet : Vous y êtes, Majesté ; la grâce opère déjà. Vous y êtes, dis-je.
Dieu se changea en **pigeon** pour faire un enfant à la femme d'un charpentier, et cet enfant fut Dieu lui-même.

- L'empereur : Mais voilà donc deux dieux de compte fait : un charpentier et un pigeon !

- Frère Rigolet : Sans doute, Sire ; mais il y en a encore un troisième, qui est le père de ces deux-là, et que nous peignons toujours avec une barbe majestueuse. C'est ce dieu-là qui ordonna au pigeon de faire un enfant à la charpentière, dont naquit le dieu charpentier, mais au fond, ces trois dieux n'en font qu'un.

- L'empereur : Cela est clair comme le jour. Un dieu né dans une étable, il y a dix-sept cent vingt-trois ans entre un bœuf et un âne, un autre dieu dans

un colombier, un troisième dieu de qui viennent les deux autres, et qui n'est pas plus ancien qu'eux, malgré sa barbe blanche, une mère pucelle.

Il n'est rien de plus simple et de plus sage.

Eh ! dis-moi un peu, frère Rigolet, si ton dieu est né, il est sans doute mort ?

- *Frère Rigolet* : S'il est mort, Majesté, je vous en réponds, et cela pour nous faire plaisir. Il déguisa si bien sa divinité qu'il se laissa fouetter et pendre malgré ses miracles.

Mais aussi il ressuscita deux jours après sans que personne le vît, et s'en **retourna** au ciel après avoir solennellement promis "qu'il reviendrait incessamment dans une nuée, avec une grande puissance et une grande majesté"

Le malheur est qu'il ne revint point.

- *L'empereur* : Viens, frère Rigolet, que je t'embrasse. Ta religion est charmante.

Tu épanouiras la **rate** de tous mes sujets avec ta conversation.

Merci tante **Zoé** !

- **T**ante Zoé, on dit dans la famille, que c'est toi qui as la meilleure conversation.
S'il te plaît, donne-moi tes conseils.

- Mon neveu, tu as raison à 20 ans de t'intéresser à la conversation. Si tu sais l'apprécier et la pratiquer, elle t'ouvrira à de nouvelles rencontres et à de nouvelles **relations**. Écoute cette histoire :

Je sors d'une eau turquoise et je vois sur le sable une jeune femme avec trois livres posés devant elle. Je m'approche, la salue et lui dis en forme de compliment : "Bravo ! On n'a jamais vu quelqu'un lire trois livres en même temps, sauf peut-être Montaigne en son temps"

Elle sourit et m'explique qu'elle a abandonné son métier dans la *tech* où elle s'ennuyait, pour ouvrir une librairie. Nous nous sommes quittées au coucher du soleil et revues très souvent.

C'est devenu une amie et ma conseillère-lecture. Voilà un des "**miracles** de la conversation" que tu pourras connaître toi aussi.

- Ton premier conseil, c'est donc "Oser entrer en conversation" ?

- Oui ! Il faut que tu oses, quand tu le souhaites, entrer en conversation. Pour deux refus, tu vas créer huit occasions qui peuvent changer ta vie.

- Mon deuxième conseil : Ne commence jamais une conversation en affirmant, en racontant ou en parlant de toi, mais fais un **compliment** et pose une **question** sur ce qui peut intéresser le plus ton interlocuteur.

- Mais comment faire un compliment et poser une question à quelqu'un que je ne connais pas ?

- Ce n'est pas très difficile tu sais. Regarde : J'étais serveuse dans un restaurant plutôt chic à Atlanta, quand un soir, une cliente m'a demandé avec l'accent traînant du Sud, comment je faisais pour avoir un si joli teint. Remarque que c'est *à la fois* un compliment et une question. Mais elle aurait pu tout aussi bien me dire, que ma démarche était élégante, que mes lunettes lui rappelaient quelqu'un ou que mon sourire lui faisait du bien...

À condition, tu t'en doutes bien, que ton compliment soit sincère.

- Mon troisième conseil : Pour réussir tes conversations, garde en tête cinq images :

☞ Le PONT qui te rappellera qu'entrer en conversation, c'est comme franchir un pont sur une belle rivière. Sur l'autre rive, tu vas sans doute découvrir des choses qui vont t'étonner.

☞ La RAQUETTE qui te rappellera que la conversation est un jeu et qu'il faut renvoyer la balle dans un échange équilibré, comme au tennis. Tu peux monter au filet de temps en temps en faisant ce qu'on appelle une *répartie*, mais reste plutôt *cool*, au fond du court et renvoie la balle.

☞ Le SABLIER qui te rappellera qu'il ne faut pas garder la parole trop longtemps dans une conversation. Une, deux, trois minutes, maximum. Il ne faut pas non plus que tu sois sérieux trop longtemps. Une conversation n'est pas une discussion, elle doit être légère et décontractée.

☞ La BALANCE qui te rappellera que la conversation est un art du dosage : pas trop de compliments, pas trop de sourires, pas trop de questions ...

Souviens-toi : Ne pas poser de questions est consternant, mais poser trop de questions peut être exaspérant.

☞ Cinquième image : Ton PORTABLE à l'envers, qui te rappellera qu'il ne faut pas l'avoir près de toi quand tu converseras, même si tu en meurs d'envie et même si tu as peur qu'il soit tout triste.
Ne fais, comme Montaigne, qu'une chose à la fois.

- Autre conseil : **Prépare-toi** ! Prépare-toi à oser entrer en conversation, prépare-toi à faire des compliments, prépare-toi à poser de bonnes questions, prépare-toi à avoir des échanges équitables et équilibrés.
- Et enfin, n'oublie jamais qu'une bonne conversation, une conversation réussie, ne peut se pratiquer et s'apprécier que dans la légèreté et la décontraction.
N'entre jamais en conversation avec des gens trop graves ni trop sérieux, ce serait peine perdue et pourrait te laisser de mauvais souvenirs.

- Merci tante Zoé ! Je vais de ce pas mettre tes conseils en pratique.

Du même auteur :

- Construire votre management d'équipe.
- Managez sereinement.
- Désamorcez les conflits.
- Toutes les clés d'un business plan réussi.
- Réussir sa création d'entreprise en évitant les pièges.
- Petit livre d'or du Mieux Vivre.
- Mon coach, c'est Moi !

henry.ranchon@gmail.com